위대한 시작

THE STORY
BEGINS

KB211412

The Gospel Project for Kids

is published quarterly by LifeWay Christian Resources,
One LifeWay Plaza, Nashville, TN 37234, Thom S. Rainer, President
© 2015 LifeWay Christian Resources
Translated and used by permission of LifeWay Christian Resources

This Korean translation edition © 2016 by Duranno Ministry,
38, Seobinggo-ro 65-gil, Yongsan-gu, Seoul, Republic of Korea
Published by arrangement with LifeWay Christian Resources

가스펠 프로젝트

1

구약

위대한 시작

저학년 교사용

지은이 · LifeWay Kids
옮긴이 · 권혜신, 안윤경
감수 · 김도일, 김병훈, 이희성

초판 발행 · 2016. 11. 11
2판 1쇄 발행 · 2024. 12. 10
등록번호 · 제1988-000080호
등록된 곳 · 서울특별시 용산구 서빙고로65길 38
발행처 · 사단법인 두란노서원
영업부 · 02) 2078-3352, 3452, 3752, 3781 FAX 080-749-3705
편집부 · 02) 2078-3437
표지디자인 · 더그램
활동연구 · 권지영, 박현진, 이경선, 한승우

책값은 뒤표지에 있습니다.
ISBN 978-89-531-4543-6 04230 / 978-89-531-4542-9 (세트)

홈페이지 · gospelproject.co.kr / **두란노몰** · mall.duranno.com

두란노서원은 바울 사도가 3차 전도 여행 때 에베소에서 성령 받은 제자들을 따로 세워 하나님의 말씀으로 양육하던 장소입니다.
사도행전 19장 8-20절의 정신에 따라 첫째 목회자를 돕는 사역과 평신도를 훈련시키는 사역,
둘째 세계선교TM와 문서선교단행본 · 잡지 사역, 셋째 예수문화 및 경배와 찬양 사역, 그리고 가정 · 상담 사역 등을 감당하고 있습니다.
1980년 12월 22일에 창립된 두란노서원은 주님 오실 때까지 이 사역들을 계속할 것입니다.

차례

이렇게 활용해 보세요!

① 단원 개요 · 각 과의 목표

● '가스펠 프로젝트(하나님의 구원 계획)'의 연대기적 큰 흐름 속에서 각 단원과 각 과의 주제를 살펴봅니다.

카운트다운 단원별로 제공되는 3분 카운트다운 영상(지도자용 팩)으로, 장소를 옮기거나 시간을 구분 짓는 방법으로 활용할 수 있습니다.

무대 배경 단원별 설교의 도입(들어가기)에서 공통적으로 활용할 수 있는 무대 데코 아이디어로, 배경 이미지(지도자용 팩)를 화면에 띄워 사용할 수 있습니다.

단원 암송 단원의 핵심 메시지가 담긴 성경 구절입니다.

성경의 초점 본문과 관련된 성경의 중심 주제를 문답의 형식으로 정리한 문장입니다. 단원의 성경의 초점을 익히며 성경의 흐름을 이해하게 합니다.

주제 각 과의 핵심 줄거리를 파악할 수 있습니다.

가스펠 링크 성경 이야기에 담긴 복음을 발견하게 합니다. 모든 성경 이야기는 그리스도와 연결됩니다.

본문 속으로 이 과를 준비하며 묵상할 내용과 티칭 포인트를 제시합니다. 청장년용 《가스펠 프로젝트》로 교사 소그룹 모임에서 더 깊은 묵상을 나누며 성경 읽기를 병행할 것을 권유합니다. 부모 소그룹 모임은 교회와 가정을 연계해 교육 효과를 더욱 높여 줄 것입니다.

말씀 묵상 ②

● 말씀을 묵상하며 어떻게 가르칠 것인가를 기도로 준비합니다.

이야기 성경 '가스펠 설교'에서 사용하는 구어체 설교입니다. 같은 내용의 영상이 지도자용 팩에 있습니다.

③ 가스펠 준비

● 사전 활동을 살펴봅니다.

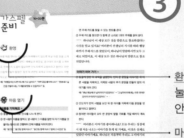

환영 아이들을 맞이하며 나눌 수 있는 대화의 소재를 제안합니다.

마음 열기 이 과의 주제와 연결된 간단한 게임 활동을 소개합니다.

④ 가스펠 설교

● **도입 - 전개 - 가스펠 링크 - 복음 초청 - 적용**에 이르는 설교 가이드입니다.

들어가기 도입 아이디어를 소개합니다.

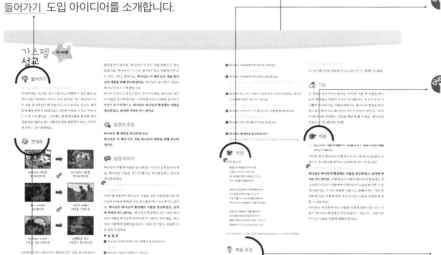

찬양 단원 주제를 담은 찬양, 악보, 율동을 지도자용 팩, 가스펠 프로젝트 홈페이지(gospelproject.co.kr)에서 만날 수 있습니다.

적용 에피소드를 담은 영상과 질문이 있습니다. 설교 도입이나 적용 부분에서 활용하거나 영상을 본 뒤 소그룹으로 나누어 풍성한 대화를 이어 가는 방법도 추천합니다.

복음 초청 매주 복음을 전하고 영접 기도를 이끌 수 있는 초청 대화를 담았습니다.

연대표 '가스펠 프로젝트(하나님의 구원 계획)'의 큰 흐름 속에서 이 과의 위치를 파악해 봅니다.

가스펠 소그룹 ⑤

● 예배 후 소그룹 모임에서 배운 내용을 되새길 수 있는 다양한 활동을 소개합니다.

탐험하기 성경 이야기의 의미를 묵상하며 주제, 가스펠 링크, 성경의 초점 등을 되새기는 확장 활동입니다.

나침반 재미있는 게임 활동으로 단원 암송을 익히게 합니다. 부록의 단원 암송 페이지와 지도자용 팩의 PPT를 활용할 수 있습니다.

보물 지도 퀴즈와 게임을 통해 성경 이야기를 되새기는 복습 활동입니다.

보물 상자 성경의 메시지와 자신의 삶을 연결해 보고, 하나님과 일대일 대화를 나누듯 마음을 고백하는 마무리 활동입니다.

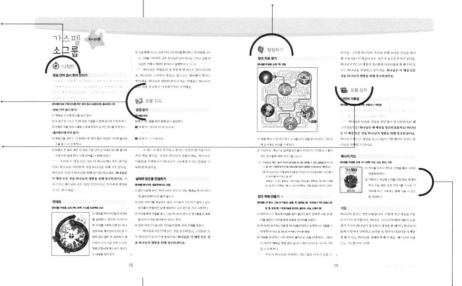

메시지 카드 각 과의 핵심 내용과 가족과 함께하는 활동을 담았습니다.

＊지도자용 팩의 PC 전용 DVD-Rom에 영상, 그림, 음원 , 악보, PPT 등의 자료가 있습니다.

발간사

두란노서원을 통해 라이프웨이(LifeWay)의 《가스펠 프로젝트》 성경 공부 교재 시리즈를 발간할 수 있도록 인도하신 하나님께 감사드립니다. 험한 소리로 가득한 세상에 이 책을 다릿돌처럼 놓습니다. 우리 삶은 말씀을 만난 소리로 풍성해져야 합니다. 주님을 만난 기쁨의 소리, 진실 앞에서 탄식하는 소리, 죄를 씻는 울음소리, 소망을 품은 기도 소리로 가득해야 합니다.

《가스펠 프로젝트》는 신구약을 관통하는 예수 그리스도의 복음을 발견하고, 그 가르침을 삶에 적용하는 지혜를 얻도록 기획한 성경 공부 교재입니다. 어린아이부터 어른에 이르기까지 생애주기에 따른 복음 메시지를 잘 배울 수 있습니다. 또한, 거짓 진리가 미혹하는 이 시대에 건강한 신학과 바른 교리로 말씀을 조명하여 성도의 신앙이 좌로나 우로나 치우치지 않도록 돕습니다.

두란노서원은 지금까지 "오직 성경, 복음 중심, 초교파적 관점"을 바탕으로 한국 교회와 성도를 꾸준히 섬겨 왔습니다. 오직 성경의 정신에 입각해 책과 잡지를 출판해 왔으며, 성경에 근거한 복음 중심의 신학을 포기한 적이 없습니다. 그리고 교단과 교파를 초월하여 교회와 성도가 하나님 나라를 바라볼 수 있도록 돕기 위해 노력해 왔습니다. 《가스펠 프로젝트》는 두란노가 지켜 온 세 가지 가치를 충실하게 담은 책입니다.

성경은 구원을 위한 책이며, 구원사의 주인공은 예수 그리스도입니다. 창세기부터 요한계시록까지 오직 예수 그리스도의 복음만을 전하는 《가스펠 프로젝트》 성경 공부 교재를 통해 복음의 은혜와 진리를 깊이 경험하고, 복음 중심의 삶이 마음 판에 새겨지기를 바랍니다. 그리고 예수 그리스도 복음에 굳게 선 한 사람의 영향력이 가정과 교회와 사회에 흘러감으로써 거룩한 하나님 나라가 확산되어 가기를 소망합니다.

2016년 11월 11일
두란노서원 원장 이 형 기

감수사

✠ 《가스펠 프로젝트》는 어린이와 청소년 성경 공부를 위한 좋은 교재입니다. 그들이 이해할 수 있는 언어로 성경을 자세히 알 수 있도록 도와주고 있기 때문입니다. 어린이와 청소년의 발달심리에 익숙한 전문가들을 포함해 많은 사람이 참여해 애쓴 흔적이 보입니다.

《가스펠 프로젝트》는 인류를 향한 하나님의 구원 계획인 복음을 다음과 같은 과정으로 설명합니다. "첫째, 하나님은 다스리신다. 둘째, 우리는 죄를 범했다. 셋째, 그러나 하나님은 공급하신다. 넷째, 하나님의 아들 예수 그리스도께서는 우리에게 영생을 주시고 우리를 초청하신다. 다섯째, 우리는 예수님의 초청에 응답해야 한다." 이와 같이 《가스펠 프로젝트》는 복음을 주시는 하나님의 계획에 사람이 어떻게 반응해야 하는지를 간단하게, 그리고 핵심을 놓치지 않고 잘 설명합니다. 그러므로 《가스펠 프로젝트》에 참여하는 교사와 학생은 하나님의 주권과 언약, 신실하심과 사랑을 배우고 깊이 느낄 수 있을 것입니다. 성령의 인도하심에 순종하는 것이 얼마나 복된지 몸소 체험할 수 있을 것입니다.

그때, 그곳에서, 그들에게 주어졌던 하나님의 말씀을 지금, 여기에서, 우리에게 주어지는 하나님의 말씀으로 받아들이고 해석하려면 해석학적 간격(hermeneutical gap)이 존재한다는 점을 유념하고, 말씀을 적절하게 해석해 적용해야 합니다. 하나님의 말씀은 성령의 조명을 받아 학문이 없는 사람도 그 핵심적인 메시지를 이해할 수 있지만, 모든 성경을 자의적으로 해석하는 우를 범해서는 안 됩니다. 《가스펠 프로젝트》는 이러한 해석상의 오류를 최소한도로 줄여줄 수 있다고 봅니다. 가능하면 말씀에 담긴 메시지를 전달하려고 노력했기 때문입니다. 이런 점에서 《가스펠 프로젝트》는 하나님의 마음을 더 깊이 이해하기 위한 기본적인 성경 지식을 제공해 주고, 말씀의 깊은 샘으로 들어가 맛있는 물을 마실 수 있도록 돕는 좋은 통로입니다.

《가스펠 프로젝트》로 성경을 공부하게 되면 성경 말씀을 사랑하게 될 것입니다. 어린이들과 청소년들도 '말씀이 참 재미있고 유익하구나'라고 느끼게 될 것입니다. 레너스 스윗이 말한 것처럼, 미래 세대는 경험적, 참여적, 이미지 중심적, 연결적(EPIC) 사역을 통해 말씀 속으로 자발적으로 들어와야 거룩한 하나님의 백성이 될 수 있기 때문입니다.

모쪼록 《가스펠 프로젝트》를 통해 모든 세대가 하나님을 더 넓고 깊게 알아 가며, 성령의 도우심 가운데 예수님의 튼실한 제자로 성장하기를 원합니다. 아울러 세상 속에서 하나님 나라를 확장시켜 나가는 하나님의 백성이 되는 기초를 체계적으로 다질 수 있기를 바랍니다. 《가스펠 프로젝트》는 오직 믿음, 오직 성경, 오직 은혜, 오직 그리스도를 통해 하나님께 영광 돌리는 데 큰 도움이 될 것입니다.

김도일 _ 장로회신학대학교, 기독교교육학 교수

✠ 《가스펠 프로젝트》는 무엇보다도 전통적으로 교회가 풀어 온 흐름을 충실히 따라 성경을 해설하고 있습니다. 그리고 그 방향은 궁극적으로 예수 그리스도를 향해 나아가고 있습니다. 이것은 예수님이 구약과 신약의 모든 성경이 자신을 가리키고 있다고 하신 말씀에 비추어 매우 타당한 것입니다. 게다가 그리스도 중심적 해설을 무리하게 전개하지 않습니다. 각 본문에서 하나님의 구원 언약과 그것을 실현하시는 하나님을 드러내면서, 그리스도의 예표적 설명이 가능한 사건을 놓치지 않고 풀어내고 있습니다.

성경 공부 교재는 명시적으로 혹은 암시적으로 제시하

는 교리적 진술이 교리 체계상 건전해야 합니다. 《가스펠 프로젝트》는 99개 조에 이르는 핵심 교리들을 일목요연하게 제시하여 교리의 건전성을 확인할 수 있도록 도움을 줍니다. 《가스펠 프로젝트》의 교리는 교파를 막론하고, 예수 그리스도의 복음에 충실한 복음주의 교회들에게 환영받을 만합니다. 물론 교파마다 약간의 이견을 갖는 부분들이 있을 수 있겠지만, 각 교회에서 교재를 활용하는 데에 무리가 없을 것입니다. 《가스펠 프로젝트》의 특징은 각 과에서 학습한 내용을 핵심 교리와 연결해 주며, 그 결과 그리스도의 복음에 관련한 교리적 이해를 강화시킨다는 데에 있습니다.

끝으로 《가스펠 프로젝트》는 어떤 성경 주석서나 교리 학습서가 갖지 못하는 훌륭한 장점을 가지고 있습니다. 그것은 학습자를 하나님과 그리스도의 복음 앞으로 이끌며, 자신의 신앙과 삶을 돌아보도록 하는 적용의 적실성과 훈련의 효과입니다. 아울러 본문과 관련한 교회사적으로 또 주석적으로 중요한 신학자와 목사의 어록을 제시하고, 심화 토론을 위한 질문을 달아 주고, 선교적 안목을 열어 주는 적용 질문들을 더해 준 것은 《가스펠 프로젝트》에서 얻을 수 있는 커다란 유익입니다.

추천할 만한 마땅한 성경 공부 교재를 찾기가 쉽지 않은 현실에서 《가스펠 프로젝트》는 성경을 개괄적으로 매주 한 과씩 3년의 기간 동안 일목요연하게, 그리고 그리스도 중심적으로 공부하도록 이끌어 준다는 점에서, 한국 교회의 기초를 성경 위에 놓는 일에 커다란 공헌을 할 것으로 믿어 의심치 않습니다.

김병훈 _ 합동신학대학원대학교 조직 신학 교수

✝ "보라 날이 이를지라 내가 기근을 땅에 보내리니 양식이 없어 주림이 아니며 물이 없어 갈함이 아니요 여호와의 말씀을 듣지 못한 기갈이라"(암 8:11). 주전 8세기 아모스 선지자의 외침이 오늘 이 시대에 다시 메아리쳐 오고 있습니다. 두란노의 《가스펠 프로젝트》는 성도들이 겪고 있는 영적인 갈증과 혼란을 해소해 줄 수 있는 유익한 성경 공부 교재입니다.

첫째, 《가스펠 프로젝트》는 성경 전체 흐름과 문맥에 따라 구성되어 성경의 큰 그림을 볼 수 있도록 도와줍니다. 또 성경 각 본문의 의미를 깊이 이해할 수 있도록 해당 분야의 전문 성경 신학자들의 주석적 견해를 잘 소개하고 있습니다. 둘째, 본문 연구와 함께 관련 핵심 교리들을 적절하게 소개하여 성경과 교리를 연결할 수 있습니다. 또 모든 과에서 그리스도와의 연결점을 찾아 제시함으로써 구약 본문을 통해서도 복음을 깨달을 수 있습니다. 성경 공부 전 과정을 마치면 성도들이 복음에 대한 견고한 믿음을 가지게 될 것입니다. 셋째, 성경 공부 적용의 초점을 선교에 맞추어 성도들이 삶의 현장에서 복음의 증인으로서의 사명을 감당할 수 있게 도와줍니다. 마지막으로 주일학교에서 장년에 이르기까지 동일한 주제와 본문으로 성경을 공부하도록 구성하였기 때문에 모든 교인이 한 말씀 안에서 한 믿음의 공동체를 이루며 성숙해 가는 영적 부흥을 경험하게 될 것입니다.

두란노의 《가스펠 프로젝트》를 통해 말씀이 갈급한 기근의 시대에 영적 해갈의 기쁨을 경험하시기 바랍니다.

이희성 _ 총신대학교 구약학 교수

추천사

✚ 우리를 향한 하나님의 멈추지 않는 사랑, 아들을 내어 주신 아버지 하나님의 놀라운 구원 계획에 눈뜨게 하는 교재입니다. 성경을 꿰뚫는 변함없는 메시지, 예수 그리스도를 만날 수 있는 교재입니다. 유익한 활동과 흥미로운 반복 학습을 통해 기독교 핵심 주제를 접하고, 말씀을 가까이하며, 가족과 묵상을 나누도록 이끄는 방식에 기대가 큽니다. 다양한 소재의 영상과 그림 자료는 시청각 자료가 부족한 교육 현장에 큰 활력을 불어넣어 줄 것입니다. 교재 내용에 맞게 창작된 찬양은 곡조가 있는 산 기도를 체험하게 도와줄 것입니다. 무미건조한 습관적 예배, 아이들과 소통하지 못해 안타까워했던 부모와 교사, 다음 세대를 걱정하는 교회 지도자들에게 이 교재를 추천합니다.

김요셉 _ 중앙기독학교 교목, 원천침례교회 목사

✚ 우리 시대의 전 세계적 교회 부흥은 두 가지 샘을 갖고 있습니다. 한 샘은 오순절 부흥 운동의 샘입니다. 이 샘으로 많은 시대의 목마른 영혼들이 목마름을 해갈했습니다. 또 하나의 샘은 성경 연구의 샘입니다. 남침례교 주일학교 운동은 이 샘의 개척자입니다. 이 샘으로 지금도 많은 성도가 목마름을 해갈하고 있습니다. 미국 남침례교 라이프웨이 출판사는 성경 연구를 돕는 사역을 충실히 감당해 왔습니다. 《가스펠 프로젝트》는 목마른 영혼들의 필요를 공급하는 원천이 될 것입니다. 《가스펠 프로젝트》는 쉬우면서도 결코 피상적이지 않습니다. 믿음의 단계를 따라 하나님의 자녀들에게 꼭 필요한 복음의 진수를 맛보게 해 줄 것입니다.

이동원 _ 지구촌교회 원로 목사, 지구촌 미니스트리 네트워크 대표

✚ 성경을 공부한다는 것은 성경에 기록된 사실을 배우는 것이 아니라 성경이 가르치는 교리를 배우는 것입니다. 왜냐하면 성경은 독자에게 어떤 새로운 정보를 주기 위해 인간이 쓴 책이 아니라 죄인인 인간에게 구원을 주기 위해 하나님이 쓰신 말씀이기 때문입니다. 그런데 이 구원의 도리인 교리를 성경 본문을 통해 배우기가 쉽지 않기 때문에 좋은 안내서가 필요합니다. 이번에 출간된 《가스펠 프로젝트》는 이와 같은 역할을 탁월하게 수행하고 있기 때문에 기쁜 마음으로 추천합니다.

이성호 _ 고려신학대학원 역사 신학 교수

✚ 성경은 예수 그리스도를 중심으로 하는 하나님의 구원 이야기입니다. 《가스펠 프로젝트》는 성경이 어떻게 그리스도와 연결되어 있는지, 또 성도의 삶이 하나님의 구원 계획에 어떻게 연결되어야 하는지를 구체적으로 제시합니다. 특히 《가스펠 프로젝트》는 하나의 본문으로 각 연령에 맞게 구성한 교재를 제공해 하나의 본문으로 전 세대를 연결하고, 가정과 교회를 하나 되게 합니다. 신앙의 전수가 중요한 시대에 성도와 교회와 가정이 한마음으로 다음 세대를 준비시키기에 적합합니다. 특히 가정에서 부모가 자녀와 말씀으로 대화를 나눌 수 있게 해 자녀의 신앙 교육에 도움이 될 것입니다.

이재훈 _ 온누리교회 담임 목사

✚ 예수님은 친히 요한복음 5장 39절에서, 모든 성경은 예수님 자신에 대한 증거라고 말씀하셨습니다. 그럼에도 불구하고, 성도들은 그 속에서 예수님이라는 보석을 쉽게 찾아 내지 못하고 있습니다. 《가스펠 프로젝트》는 신앙 생활을 출발하는 어린이부터 장년까지 이런 눈을 활짝 열어 주는 놀라운 교재입니다. 요람에서부터 무덤까지 각 연령대에 맞게 구성된 《가스펠 프로젝트》 성경 공부 교재를 통해, 한국 교회와 이민 교회가 잃어버린 예수님을 다시 발견함으로 견고하게 되기를 바랍니다.

최병락 _ 강남중앙침례교회 담임 목사

1^{단원} 창조의 하나님

태초에 하나님이 하나님의 영광을 위해 세상 모든 것을 만드셨습니다. 하나님은 하나님의 형상대로 사람을 만드셨습니다. 아담과 하와를 통해 죄가 세상에 들어왔지만, 하나님은 이미 한 후손을 통해 사람들을 하나님께로 돌아오게 할 계획을 품고 계셨습니다. 그 후손은 바로 하나님의 아들 예수 그리스도이십니다.

하나님이
세상을
창조하셨어요

하나님이
사람을
창조하셨어요

죄가
세상에
들어왔어요

The Gospel Project

가인과 아벨이
제물을
드렸어요

하나님이
노아와 가족을
구해 주셨어요

바벨탑을 쌓던
사람들이
흩어졌어요

🎨 카운트다운 – 블록 놀이

카운트다운 영상(지도자용 팩)을 틀고 예배 준비 자세를 취하도록 격려한다. 예배가 시작되는 시간에 영상이 끝나도록 맞추어 놓는다. 익숙해질 때까지 중간에 남은 시간을 알리는 것도 좋다.
예) "1분 전입니다", "30초 전입니다. 마음을 가다듬고 기도하며 하나님께 나아갑시다" 등.

🎨 무대 배경 – 열기구

큰 빨래 바구니를 열기구처럼 꾸미고, 바구니 위로 큰 풍선이나 비치볼을 천장에 매단다. 바구니와 풍선 옆에 긴 줄 네 개를 테이프로 붙여 서로 연결하고, 바구니를 리본과 색도화지로 장식한다. 망원경, 쌍안경, 지도 등 모험에 필요한 소도구들로 무대를 장식한다. 화면에 열기구 배경 이미지(지도자용 팩)를 띄운다.

1
하나님이 세상을 창조하셨어요

창 1:1~25

본문 속으로

태초에 하나님이 모든 것을 창조하셨습니다. 하나님은 우주를 '엑스 니힐로'(*ex nihilo*), 즉 '무'(無)에서 창조하셨습니다. 온 세상은 말씀으로 생겨났습니다. 하나님이 말씀하시자 그대로 이루어졌습니다. 하나님은 빛, 땅, 하늘, 별, 식물, 동물을 만드셨고, 그것들은 보시기에 좋았습니다. 피조물은 완벽히 하나님이 의도하신 대로였습니다.

모든 성경 이야기는 그보다 훨씬 더 큰 이야기, 즉 하나님의 구속사의 작은 조각들입니다. 죄가 세상에 들어와 모든 것에 영향을 미칠 것을 하나님은 이미 아셨습니다. 하나님은 자신의 아들을 통해 사람들에게 은혜를 베풀어(딤후 1:9) 그들을 구하고 회복시킬 계획을 이미 가지고 계셨습니다. 사실 성경은 하나님이 세상을 창조하시기 전부터 그분의 계획을 가지고 계셨다고 말합니다(엡 1:4~6).

성경은 위대하신 하나님이 어떻게 자신의 아들 예수님을 보내어 죄를 위한 완벽한 희생제물이 되게 하심으로 반역한 사람들을 구속하셨는지에 대한 이야기입니다. 예수님 이야기는 구유에서 시작되지 않습니다. 성자 하나님은 항상 존재하셨고, 창조 때에도 계셨습니다. 그분은 말씀이시며, 만물이 그분을 통해 창조되었습니다(요 1:1~3). 골로새서 1장 16~17절은 만물이 그분에 의해, 그분을 위해 창조되었고, 그분이 만물을 유지하고 계신다고 말합니다. 우리는 창조를 통해 하나님의 영원한 능력과 신성한 본질을 보고 이해합니다(롬 1:20).

● ● 티칭 포인트

창조를 배우는 아이들이 하나님이 누구이신지 스스로 찾아낼 수 있도록 도와주십시오. 하나님은 하나님께 영광을 돌리게 하시려는 목적, 즉 하나님이 얼마나 놀라운 분이신지를 사람들에게 나타내시려는 목적으로 모든 것을 창조하셨다는 사실을 아이들에게 알려 주십시오. 시편 19편 1절은 "하늘이 하나님의 영광을 선포하고 궁창이 그의 손으로 하신 일을 나타내는도다"라고 말합니다.

창세기는 역사상 가장 위대한 이야기의 시작입니다. 그것은 실화이며, 그 모든 것의 중심에는 우리의 참된 영웅이신 구원자 예수 그리스도께서 계십니다. 이 이야기가 모든 것을 바꿉니다.

주제

하나님은 세상의 모든 것을 창조하셔서 하나님의 영광을 나타내셨어요.

가스펠 링크

예수님은 만물의 주인이세요. 모든 것이 예수님에 의해, 예수님을 위해 창조되었어요.

1 | 하나님이 세상을 창조하셨어요

✝

하나님이 세상을 창조하셨어요 창 1:1~25

태초에 하나님이 계셨어요. 하나님 말고는 아무것도 없었지요. 하나님은 말씀으로 하늘과 땅을 창조하셨어요. 처음에 하나님이 세상을 창조하셨을 때 땅은 아무 모양도 없었고, 깜깜한 어둠이 덮여 있었어요. 그곳에서 하나님의 영이 물 위에 움직이고 계셨어요.

하나님이 "빛이 있으라"라고 말씀하셨어요. 그랬더니 하나님이 말씀하신 대로 빛이 생겨났어요. 빛은 하나님이 보시기에 좋았어요. 하나님은 빛과 어둠을 나누시고는 빛은 '낮'이라 부르시고, 어둠은 '밤'이라 부르셨어요. 저녁이 되고 아침이 되었어요. 이것이 창조의 첫째 날이에요.

하나님이 다시 말씀하셨어요. "물 가운데 넓은 공간이 생겨 물과 물로 나누어져라." 하나님은 물과 물 사이에 공간을 만드셨어요. 그래서 땅에 있는 물과 땅 위에 있는 물로 나누셨지요. 하나님은 그 넓은 공간을 '하늘'이라고 부르셨어요. 저녁이 되고 아침이 되었어요. 이것이 창조의 둘째 날이에요.

하나님이 "하늘 아래 있는 물이 한곳으로 모이고 뭍이 드러나라"라고 하시자 바로 뭍이 생겼어요. 하나님이 말씀하신 대로 된 거예요. 하나님은 뭍을 '땅'이라 부르시고, 한곳으로 모인 물을 '바다'라고 부르셨어요. 그것은 하나님이 보시기에 좋았어요. 하나님이 또 말씀하셨어요. "땅은 풀과 씨 맺는 채소와 각기 종류대로 씨 가진 열매 맺는 나무를 내라." 그러자 하나님이 말씀하신 대로 풀과 나무가 자랐고, 그것은 하나님이 보시기에 좋았어요. 저녁이 되고 아침이 되었어요. 이것이 창조의 셋째 날이에요.

하나님은 하늘에 빛들을 두셨어요. 해가 낮을 비추게 하시고, 달과 별들이 밤을 밝히게 하셨어요. 하나님은 이 빛들로 땅을 비추시고, 밤과 낮을 나누시고, 우리에게 시간과 계절과 날짜를 알 수 있게 하셨어요. 그것은 하나님이 보시기에 좋았어요. 저녁이 되고 아침이 되었어요. 이것이 창조의 넷째 날이에요.

하나님은 물속에서 움직이고 헤엄치는 생물들을 만드셨어요. 그리고 새들이 날개를 치며 하늘을 날아다니게 하셨지요. 그것은 하나님이 보시기에 좋았어요. 하나님은 생물들에게 "새끼를 많이 낳고 번성해 바다와 하늘을 채우라"라고 말씀하셨어요. 저녁이 되고 아침이 되었어요. 이것이 창조의 다섯째 날이에요.

그러고 나서 하나님은 동물들을 더 만드셨어요. 하나님이 땅에게 "온갖 생물, 즉 가축과 기는 것과 땅의 짐승들을 그 종류대로 내라"라고 말씀하시자 하나님의 말씀대로 되었어요. 그것은 하나님이 보시기에 좋았어요.

●● 가스펠 링크

성경은 예수님이 모든 피조물의 주인이 되신다고 말해요. 만물이 그분에 의해, 그분을 위해 창조되었어요. 성자 하나님은 항상 계셨고, 모든 것을 유지하고 계세요(골 1:16~17).

가스펠 준비

10~20분

 환영

서로 처음 만나는 아이들이 어색해하지 않도록 학교 이름 등을 소개하며 인사하도록 이끈다. 예배실과 화장실, 음수대의 위치를 소개하고, 언제든지 도움이 필요하면 인도자에게 요청하라고 말한다. 자연스럽게 오늘의 말씀인 '창조'와 관련된 화제로 이야기를 나눈다. 자발적으로 대화에 참여하도록 이끈다.

예) "여행을 떠난다면 어디에 가고 싶어요?", "어떤 꽃을 좋아하나요?", "명령대로 물건을 만들어 내는 기계를 발명할 수 있을까요?" 등.

 마음 열기

이름을 기억해요 *

① 둥글게 앉아 서로 인사를 나누게 한다.

② 한 사람이 이름을 말하고, 옆 사람이 그 이름을 말한 뒤 자기 이름을 덧붙이는 방식으로 진행하며 전체 이름을 익히게 한다.

예) "홍길동", "홍길동 옆에 이순신", "홍길동 옆에 이순신 옆에 신사임당" 등.

내 친구는 아마? *

[준비물] 학생용 교재 82쪽, 연필

① 둘씩 짝을 지어 서로 인사를 나누고 이름을 묻게 한다.

② 질문지에 짝의 이름을 적고, 질문에 추측한 답을 적게 한다. 짝에게 물어보지 않고 자신의 추측을 적는 것이라는 점을 강조한다.

③ 기록을 마치면 짝에게 서로 물어보며 답을 맞추어 보게 한다.

④ 다 같이 모여 짝에 대해 서로 소개하는 시간을 갖는다.

카드 찾기 *

[준비물] 1과의 주제를 적은 카드(인원수에 맞게)

① 주제 카드를 예배실 곳곳에 숨겨 둔다.

② 자유 대형으로 흩어져 인도자가 말한 대로 행동하게 한다.

예) "왼쪽으로 돌아 네 번 뛰세요", "코끼리 코 잡고 다섯 바퀴 돌아요" 등.

③ 인도자가 말한 대로 행동하지 못한 아이는 제자리에 앉게 한다.

④ 인도자의 지시를 따라 예배실을 돌아다니게 한 뒤 정리 시간이 되

면 주제 카드를 찾을 수 있는 힌트를 준다.

⑤ 주제 카드를 찾으면 다 함께 큰 소리로 1과의 주제를 읽어 본다.

> 하나님이 이 세상 모든 것을 말씀으로 창조하셨다는 사실을 알고 있지요? 여러분이 선생님의 지시를 따라 행동하면서 주제 카드를 찾았듯이, 하나님이 말씀하시면 모두 그대로 되었어요. 이 세상 모든 것은 하나님의 말씀으로 창조되었답니다.

이야기 이어 가기 *

① 둥글게 앉힌 뒤 규칙을 설명한다. 먼저 한 문장을 이야기한 뒤 다른 사람을 지목하고, 지목된 사람이 추가 문장을 만들어 앞의 이야기를 이어 간다.

예) "옛날 옛날에 한 남자아이가 있었어요." → "그 남자아이에게는 아주 귀여운 강아지 한 마리가 있었어요." → …

② 인도자가 먼저 시범을 보인 뒤 한 아이를 지목해 다음 문장을 덧붙이라고 말한다.

③ 참여한 아이들이 모두 한 문장씩 말할 기회를 가질 때까지 계속한다.

> 여러분은 이야기를 좋아하나요? 오늘 우리는 성경에서 맨 처음 나오는 이야기를 듣게 될 거예요. 이것은 실제로 있었던 이야기예요. 하나님은 처음부터 우리도 그 이야기의 일부가 되기를 바라셨어요! 하나님은 우리의 삶을 통해 영광을 받으시기 위해 우리와 이 세상 모든 것을 창조하셨어요.

* 는 선택 활동입니다.

가스펠 설교 15~30분

들어가기

여행 가방을 들고 등장한다.

여러분은 혹시 자기가 만들어 놓은 것을 보면서 뿌듯한 마음이 들었던 적이 있나요? 보세요. 이것들을 제가 다 만들었어요. 여행 가방을 열어 내용물을 바닥에 쏟아 놓는다. 멋지지 않아요? 저는 만들기를 좋아하는 데다 꽤 잘하는 편이거든요. 여러분도 그렇게 생각하지요? 이 열기구도 제가 만들었어요. 열기구를 가리킨다. 약간의 도움은 받았지만요. 오늘 우리는 창세기 1장을 보면서, 하나님이 우리에게 주신 이야기의 맨 처음 부분을 통해 최고의 창조자에 대해 배우게 될 거예요. 하나님은 우리 눈에 보이는 것들과 보이지 않는 것들까지 모두 창조하셨어요. 단지 말씀으로 모든 것이 생겨나게 하셨지요!

 연대표

하나님이 세상을
창조하셨어요

하나님이 사람을
창조하셨어요

죄가 세상에
들어왔어요

가인과 아벨이
제물을 드렸어요

우리는 지금 '시간'의 맨 처음에 있어요.

연대표의 시작 부분을 가리킨다.

성부 하나님, 성자 하나님, 성령 하나님은 누군가가 창조해서 계시는 분이 아니세요. 원래부터 항상 계셨지요. 제 머리로 이해하긴 힘들지만, 그래도 정말이라는 것을 저는 알아요! 창조의 이야기는 성경의 첫 이야기이고, 하나님이 우리를 위

해 쓰신 큰 이야기의 시작이에요! **하나님은 이 세상 모든 것을 하나님의 영광을 위해 창조하셨어요.** 어떻게 하면 우리가 하나님께 영광을 돌릴 수 있을까요? 우리가 우리의 삶으로 하나님을 기쁘시게 해 드리면 그것이 바로 하나님께 영광을 돌리는 거예요. 창조로 시작된 하나님의 이야기는 역사를 통해 계속되고, 여러분도 그 이야기의 일부랍니다!

성경의 초점

하나님은 이 세상 모든 것을 창조하셨어요. 우리 눈에 보이는 것들과 보이지 않는 모든 것을! 하나님은 해와 바람과 산을 만드셨고, 해변과 갈매기와 우리가 아직 발견하지도 못한 깊은 바닷속 물고기들까지 다 만드셨어요! 그런데 **하나님은 왜 세상을 창조하셨을까요?** 하나님의 말씀을 통해 답을 찾아보아요.

성경 이야기

창세기 1장을 펴 보세요. 창세기는 성경 맨 앞에 있는 책이에요. 하나님이 무엇을 창조하셨는지, 왜 창조하셨는지 알아보기로 해요. 성경 이야기에 "하나님이 보시기에 좋았어요"라는 말이 나오는지 귀 기울여 들어 보고, 그 말이 나올 때마다 손을 머리 위로 흔들어 보세요.

창세기 1장을 펴고, 설교 영상(지도자용 팩)을 보여 주거나 이야기 성경을 들려준다.

하나님은 세상을 지루하게 흑백으로 만들지 않으셨어요. 아름답고 흥미진진하게 만드셨지요! 하나님은 우리에게 다양한 종류의 식물과 동물을 주셔서 누리게 하셨고, 각각의 창조물들을 모두 특징 있게 만드셔서 우리가 그것들을 보고 하나님을 알 수 있게 하셨어요. **하나님은 이 세상 모든 것을 하나님의 영광을 위해 창조하셨어요.** 하나님은 능력이 뛰어난 창조자세요. 하나님은 우리가 하나님이 만드신 세상을 보고 하나님을 찬양하기를 바라세요! **하나님은 왜 세상을 창조하셨나요? 하나님은 이 세상 모든 것을 하나님의 영광을 위해 창조하셨어요.**

1 하나님은 창조 첫째 날에 무엇을 창조하셨나요?

빛 (창 1:1~5)

2 하나님은 창조 둘째 날에 무엇을 창조하셨나요?

하늘 (창 1:6~8)

3 하나님은 창조 셋째 날에 무엇을 창조하셨나요?

땅, 바다, 풀과 채소와 나무 (창 1:9~13)

4 하나님은 창조 넷째 날에 무엇을 창조하셨나요?

해, 달, 별들 (창 1:14~19)

5 하나님은 창조 다섯째 날에 무엇을 창조하셨나요?

바다 생물과 새들 (창 1:20~23)

6 하나님은 창조 여섯째 날에 무엇을 창조하셨나요?

가축, 기는 것, 땅의 짐승 (창 1:24~25)

7 하나님은 세상을 어떻게 창조하셨나요?

하나님이 말씀하시자 그대로 되었다 (창 1:3, 7, 9, 11, 15, 20, 24)

8 하나님은 하나님이 만드신 세상을 어떻게 생각하셨나요?

하나님이 보시기에 좋았다 (창 1:4, 10, 12, 18, 21, 25)

9 하나님은 왜 세상을 창조하셨나요?

하나님은 이 세상 모든 것을 하나님의 영광을 위해 창조하셨어요.

✝ 복음 초청

아이들에게 '복음'이라는 말을 들어 본 적이 있는지 물어본다.

'복음'이라는 말을 들어 본 적이 있나요? 복음이란 '좋은 소식'이라는 뜻이에요. 우리에게 보내신 하나님의 좋은 소식이 무엇일까요?

성경과 35쪽 복음 초청 가이드를 이용해서 아이들에게 그리스도인이 되는 법을 설명해 준다. 따로 상담해 줄 사람을 정해 주고 궁금한 점이 있으면 물어보도록 격려한다.

이 시간 예수님을 마음에 모시고 싶은 친구는 함께 기도해요.

🙏 기도

창조를 통해 우리에게 놀라운 선물을 주신 하나님을 찬양합니다. 이 시간 세상을 창조하신 하나님의 자녀가 되기를 원하는 친구들이 있습니다. 마음 문을 활짝 열고 예수님을 초

대합니다. 우리의 죄를 용서해 주세요. 우리에게 복음을 주신 하나님, 우리가 하나님이 만드신 아름다운 세상을 볼 때마다 하나님께 감사드리는 마음을 가질 수 있도록 도와주세요. 예수님의 이름으로 기도합니다. 아멘.

적용

TIP 설교 도입이나 적용으로 활용하거나 영상을 본 뒤 소그룹에서 풍성한 대화를 이어 갈 수 있습니다.

하나님이 얼마나 놀라운 솜씨로 이 세상을 만드셨는지 생각해 본 적이 있나요?

📀 적용 예화 영상(지도자용 팩)을 보여 준다.

세상의 수많은 동물을 생각해 보세요. 저마다 다른 모습과 특징을 가진 것을 보면, 하나님은 정말 기발한 분이신 것 같아요! 하나님이 창조하신 것들 중에 우리가 매일 보면서 하나님을 떠올리고 찬양하게 만드는 것은 무엇인가요? **하나님은 왜 세상을 창조하셨나요? 하나님은 이 세상 모든 것을 하나님의 영광을 위해 창조하셨어요.** 우리는 하나님이 창조하신 것들을 보면서 하나님께 영광을 돌리거나 찬양함으로써 하나님의 놀라운 솜씨에 반응할 수 있어요.

 1 | 하나님이 세상을 창조하셨어요

가스펠 소그룹 10~20분

나침반

암송 단어 접시 찾아 던지기

"그러나 우리에게는 한 하나님 곧 아버지가 계시니 만물이 그에게서 났고 우리도 그를 위하여 있고 또한 한 주 예수 그리스도께서 계시니 만물이 그로 말미암고 우리도 그로 말미암아 있느니라"(고전 8:6).

[준비물] 암송 구절 단어를 적은 종이 접시 2세트(2색), 훌라후프 2개

<암송 단어 접시 찾기>

① 예배실 곳곳에 접시를 숨겨 둔다.

② 두 팀으로 나누고 1단원 암송 구절을 다 함께 읽으며 익히게 한다.

③ 팀별로 색을 정하고 출발 신호에 맞추어 숨겨진 접시를 찾게 한다.

<훌라후프에 던져 넣기>

④ 출발선을 정하고, 각 팀에서 한 명씩 뽑아 적당한 거리에 훌라후프를 들고 서 있게 한다.

⑤ 팀별로 한 줄로 세운 뒤 암송 구절 단어 순서대로 접시를 훌라후프에 던져 넣게 한다. 이때 단어를 다 함께 외친다.

━━ 우리와 이 세상 모든 것은 다 하나님께로부터 생겨났어요! 하나님은 여러분과 저를 하나님을 위해 지으셨어요. 하나님은 우리가 하나님을 위해 살기를 바라세요. **하나님은 이 세상 모든 것을 하나님의 영광을 위해 창조하셨어요.** 마찬가지로 예수님은 모든 것의 주인이시고, 우리에게 생명을 주시는 분이에요!

연대표

[준비물] 학생용 교재 6쪽, 85쪽 가스펠 프로젝트 마크

① 게임을 하며 아이들과 연대표를 살펴본다. 창조와 인간의 타락, 우리를 구원하시겠다는 하나님의 약속, 예수님이 오심으로 구원의 길이 열린 것, 승천하신 예수님이 다시 오실 것과 이 모든 흐름의 중심에 예수님이 계신다는 내용을 짚어 본다.

② 오늘 함께 나누는 성경 이야기의 위치를 확인한다. 맨 처음에 나오는 그림을 가리키며, 성부 하나님과 성자 하나님, 그리고 성령 하나님은 언제나 계셨던 분이라고 설명한다(요 1:1~4).

━━ 하나님은 연대표의 첫 부분에 생겨나신 것이 아니에요. 하나님은 그전부터 계셨고, 앞으로도 계속해서 계시는 분이에요. 하나님은 영원한 분이시지요. 연대표는 하나님이 모든 것을 창조하신 시점에서부터 시작해요.

보물 지도

성경 읽기

[준비물] 성경

창세기 1장 1절을 찾아 함께 읽고 질문한다.

1 창세기는 성경의 어디쯤 있나요?

성경 맨 앞

2 창세기는 누가 썼지요?

모세

━━ 모세는 '모세오경'이라고 불리는 성경의 맨 처음 다섯 권의 책을 썼어요. 성경은 하나님의 말씀이에요. 하나님은 사람들을 선택하셔서 하나님이 그들에게 주시는 말씀을 기록하게 하셨어요.

날짜와 창조물 연결하기

[준비물] 종이 6장, 셀로판테이프, 연필

① 종이 6장에 숫자 1부터 6까지 각각 쓴 다음, 예배실 벽 여기저기에 셀로판테이프로 붙여 놓는다.

② 성경 이야기를 복습하는 동안, 아이들이 인도자가 말하고 있는 창조물이 만들어진 날에 해당하는 숫자 앞으로 가서 서게 한다.

③ 아이들에게 연필을 들고 그날 하나님이 만드신 창조물들의 목록을 숫자가 적힌 종이에 써 보라고 한다.

④ 성경 이야기가 끝나면, 아이들과 함께 1과의 주제를 외친다.

━━ 하나님은 6일 만에 모든 것을 창조하셨고, 그것들은 모두 하나님이 보시기에 좋았어요! **하나님은 이 세상 모든 것을 하나님의 영광을 위해 창조하셨어요.**

탐험하기

창조 미로 찾기

[준비물] 학생용 교재 7쪽, 연필

① '출발'에서 '도착'까지 창조 순서를 따라 길을 찾으며 창조 그림 위에 순서대로 숫자를 쓰게 한다.

② '이심전심' 게임으로 날짜별 창조물이 무엇인지 기억해 보고 좋아하는 창조물에 대해 이야기를 나눈다.

TIP 이심전심 게임 : 둘씩 짝지어 둘 중에 하나를 선택할 수 있는 질문을 한 뒤 "하나, 둘, 셋!" 구령에 맞추어 동시에 답해 마음이 통했는지 알아보는 게임이다.

예) "하나님은 창조 첫째 날에 무엇을 창조하셨나요? 낮과 밤이에요. 낮이 좋아요, 밤이 좋아요? 하나, 둘, 셋!"

첫째 날 - 낮, 밤 / 둘째 날 - 파란 하늘, 저녁노을 / 셋째 날 - 땅, 바다 / 넷째 날 - 달, 별 / 다섯째 날 - 물고기, 새 / 여섯째 날 - 곤충, 들짐승 / 강아지, 고양이

창조 벽화 만들기 *

[준비물] 큰 종이, 그림 도구(물감, 물통, 붓, 팔레트 등), 자연에서 구한 재료(나뭇잎, 풀, 꽃잎 등), 기타(미술용 앞치마, 물티슈, 비닐, 신문지 등)

① 바닥이나 긴 책상에 비닐을 깔아 물감이 묻지 않게 한 다음 큰 종이를 펼친다. 아이들에게 미술용 앞치마를 입힌다.

② 하나님이 창조하신 것들 중 하나님을 찬양하고 싶게 만드는 것들을 그리게 한다(나뭇잎, 풀, 꽃잎 등 자연에서 구한 재료 활용).

③ 작품을 완성하고 나면 준비된 물티슈로 손을 닦게 한다. 그림이 다 마르면 예배실 벽에 걸어 놓거나 여러 조각으로 나누어 가져갈 수 있게 한다.

— 우리가 하나님을 찬양하는 데는 많은 이유가 있을 수 •

있어요. 그만큼 하나님은 우리를 위해 놀라운 일들을 많이 해 주셨지요! 이 세상의 모든 것은 다 창조된 목적이 있어요. 하나님이 만드신 세상의 정교함과 아름다움을 볼 때 우리 모두는 하나님을 찬양하고 싶어져요. **하나님은 이 세상 모든 것을 하나님의 영광을 위해 창조하셨어요.**

보물 상자

나만의 기록장

[준비물] 학생용 교재 8쪽, 연필이나 색연필

하나님이 창조하신 세상에서 자신이 가장 좋아하는 것을 그리거나 하나님을 찬양하고 싶은 내용을 쓰게 한다.

— 하나님은 놀라운 것들을 정말 많이 창조하셨어요! 왜 그러셨을까요? **하나님은 왜 세상을 창조하셨을까요? 하나님은 이 세상 모든 것을 하나님의 영광을 위해 창조하셨어요.** 하나님이 만드신 세상을 보고 마음이 기쁠 때마다 우리는 하나님을 찬양할 수 있어요.

메시지 카드

[준비물] 학생용 교재 87~92쪽, 카드 고리, 펀치, 가위

① 카드를 오리고 펀치로 구멍을 뚫어 고리로 연결하게 한다.

② 가방이나 지갑에 고리를 끼워 항상 휴대하면서 오늘 배운 성경 이야기를 수시로 기억하게 하고, 가족과도 함께 나눌 수 있도록 격려한다.

기도

하나님의 창조는 정말 놀랍습니다. 이렇게 멋진 세상을 만들어 주셔서 감사합니다. 하나님, ○○○(아이들의 이름)의 눈을 열어 주셔서 하나님이 창조하신 세상을 볼 때마다 하나님의 솜씨가 얼마나 신비하고 놀라운지, 얼마나 아름다운지 깨닫게 해 주시고, 하나님을 경배하게 해 주세요. 예수님의 이름으로 기도합니다. 아멘.

2
하나님이 사람을 창조하셨어요

창 1:26~2:25

본문 속으로

창조 여섯째 날, 하나님은 하나님의 형상대로 사람을 창조하셨습니다. 하나님은 땅의 흙으로 사람을 지으시고, 그의 코에 생기를 불어 넣으셨습니다. 그러자 사람이 생명체가 되었습니다(창 2:7). 사람은 하나님의 다른 피조물들과 구별되었습니다. 하나님은 동물에게 숨을 불어 넣지 않으셨습니다. 옹기장이가 진흙으로 그릇을 빚듯 하나님은 흙으로 사람을 정교하게 빚으셨습니다(사 64:8).

하나님은 사람이 살아가는 데 필요한 것들을 모두 주셨습니다. 하나님은 에덴에 동산을 만드시고 사람을 그곳에 두어 동산을 돌보며 지키게 하셨습니다(창 2:8, 15). 그런 다음 사람에게 "선악을 알게 하는 나무의 열매는 먹지 말라"라고 명령하셨습니다. 그리고 명령을 어길 경우의 결과도 설명하셨습니다. "네가 먹는 날에는 반드시 죽으리라"(창 2:17).

그 후 하나님은 남자의 갈비뼈로 여자를 만드셨습니다. 여자는 남자의 돕는 배필이었습니다. 여자도 남자와 마찬가지로 하나님의 형상대로 창조되었습니다. 첫 남자 아담과 첫 여자 하와는 동산에서 살며 하나님과 우정을 나누었습니다.

우리는 아담과 하와가 하나님의 명령에 순종하지 않았고, 그들의 불순종으로 인해 죄가 세상에 들어온 것을 알고 있습니다. 그 이유 때문에 하나님이 자신의 아들 예수 그리스도를 보내셨습니다. 그분은 "보이지 아니하는 하나님의 형상"(골 1:15)이시고, 하나님의 본체의 형상('본바탕', 쉬운성경)을 그대로 보여 주는 분(히 1:3)이십니다. 성자 하나님은 완전히 사람이 되셔서, 그분 안에 있는 사람들에게 생명을 가져다주는 두 번째 아담의 역할을 하셨습니다(고전 15:45~49 참조).

● ● 티칭 포인트

아이들에게 '하나님의 형상대로 창조되었다'라는 것은 '하나님을 닮게 만들어졌다', 또는 '하나님을 모방해서 만들어졌다'라는 뜻임을 잘 이해시켜 주십시오. 하나님은 육체가 없는 영이시기 때문에 우리 각자에게도 영혼을 주셨습니다. 또한 생각하고, 감정을 느끼고, 선택할 수 있는 능력과 옳고 그름을 분별할 수 있는 능력도 주셨습니다.

하나님은 다른 피조물들과는 다르게 사람을 만드셨다는 것을 강조해서 말해 주십시오. 하나님은 사람을 하나님의 형상대로 만드셨고(창 1:26), 이로써 하나님의 영광을 드러내셨습니다(사 43:7).

주제

하나님은 하나님의 형상대로 사람을 창조하셨고, 남자와 여자로 만드셨어요.

가스펠 링크

하나님의 형상대로 하나님을 가장 완벽하게 나타내시는 분은 예수님이세요.

하나님이 사람을 창조하셨어요 창 1:26~2:25

창조 여섯째 날, 하나님은 사람을 만드셨어요. 하나님은 사람을 다른 피조물들과는 다르게 만드셨어요. 하나님은 하나님의 형상을 따라 사람을 만드셨지요. 하나님은 땅에 있는 흙으로 사람을 빚으시고 직접 숨을 불어 넣으셨어요. 그러자 사람이 생명체가 되었어요. 하나님은 에덴이라는 땅에 동산을 만드시고 사람을 그곳에 두셨어요. 하나님은 사람에게 에덴동산을 돌보고 지키라고 말씀하셨어요.

하나님은 나무 열매를 주셔서 사람이 먹게 하셨고, 강물이 동산을 적시게 하셨어요. 하나님은 동산에 있는 각종 나무의 열매는 먹어도 된다고 하셨어요. 그런데 동산 가운데에는 선과 악을 알게 하는 열매를 맺는 나무가 있었어요. 하나님은 사람에게 경고하셨어요. "선악을 알게 하는 나무의 열매는 먹지 말아라. 그것을 먹는 날에는 네가 반드시 죽을 것이다."

하나님의 창조는 아직 다 끝난 것이 아니었어요. 하나님은 "사람이 혼자 있는 것이 좋지 않다"라고 말씀하셨어요. 그래서 하나님은 사람을 도와주는 배필을 만들어 주기로 결심하셨지요. 하나님은 모든 동물을 사람에게 나아오게 하셨고, 그는 모든 피조물의 이름을 하나하나 지어 주었어요. 그러나 그중 어떤 동물도 사람의 돕는 배필이 될 수는 없었어요.

그래서 하나님은 남자를 잠들게 하시고, 갈비뼈 하나를 떼어서 여자를 만드셨어요. 남자는 여자를 보고 매우 기뻐했어요. 여자는 남자의 완벽한 배필이었지요. 여자는 남자의 아내가 되었어요. 남자의 이름은 '아담'이고, 여자의 이름은 '하와'예요. 하나님은 아담과 하와에게 좋은 것들을 주셨어요. 그들에게 모든 동물을 돌보는 일을 맡기셨고, 필요한 모든 것을 주셨어요. 하나님이 자신이 만든 것들을 둘러보시니 모든 것이 보시기에 좋았어요. 모든 것이 하나님이 계획하신 대로 완성되었어요. 그래서 창조 일곱째 날, 하나님은 일을 마치고 쉬셨어요.

●● 가스펠 링크

하나님은 하나님의 형상대로 사람을 만드셨어요. 아담은 어떤 면에서는 하나님을 닮았지만, 하나님을 완벽하게 나타내지는 못했어요. 그래서 하나님은 하나님이 정확하게 어떤 분인지 보여 주시기 위해 자신의 아들 예수님을 보내 주셨어요(골 1:15). 예수님이야말로 하나님을 완벽하게 나타내시는 분이에요. 왜냐하면 예수님이 바로 하나님이시기 때문이에요(히 1:3).

가스펠 준비

환영

도착하는 아이들을 반갑게 맞이하고 헌금, 출석, QT 등을 확인하며 격려한다. 편안한 분위기에서 안부를 물으며 오늘의 말씀과 관련된 화제로 이야기를 나눈다. 자발적으로 대화에 참여하도록 이끈다. 예) "눈이 참 예쁘군요!", "친구는 누구를 닮았나요?" 등.

마음 열기

짝꿍과 함께 수건으로 물건 옮기기 *

[준비물] 수건, 반환점으로 사용할 물건

① 둘씩 짝지어 출발선에 두 줄로 나란히 세운 뒤 마주 보게 한다.
② 짝꿍과 수건의 양 끝을 나누어 잡고 반환점을 돌아오게 한다.
③ 릴레이로 모두가 반환점을 돌아 오면 수건 위에 물건을 올려놓고 다시 한 번 반환점을 돌아 오게 한다(인도자가 임의로 물건을 바꾸며 재미를 더할 수 있다).

— 만약 여러분에게 짝이 없었다면 이 게임을 정확하게 해 낼 수 있었을까요? 오늘 우리는 하나님이 아담을 위해 짝을 만들어 주신 이야기에 대해 배울 거예요. 혹시 그 사람이 누구인지 아는 사람 있나요? (하와) **하나님은 하나님의 형상대로 사람을 창조하셨고, 남자와 여자로 만드셨어요.**

1분은 얼마나 길까? *

[준비물] 스톱워치

① 둥글게 앉아 인도자의 "시작!" 소리에 맞추어 부동자세를 유지하고 있다가 1분이 지난 시점에 손을 들게 한다.
② 스톱워치를 이용해 아이들이 손을 든 시점을 각각 기록한다(모든 아이가 손을 들 때까지 시간이 얼마나 경과했는지 말하지 않는다).
③ 모두 손을 들면 누가 가장 1분에 가까웠는지 말해 준다.
④ 미션을 바꾸어서 눈을 감고 팔을 위로 뻗어 쉬지 않고 좌우로 흔들다가 1분이 지났다고 생각할 때 팔을 내리라고 한다.
⑤ 스톱워치로 시간을 재고 1분에 가장 가까운 사람이 누구인지 알려 준 뒤 이제 편히 쉬라고 한다.

— 1분 동안이었지만 가만히 있거나 계속 움직이는 것은 아마 힘들었을 거예요. 오늘은 하나님이 사람을 창조하신 이야기를 들려줄 거예요. 창조를 마치신 후 하나님이 온 세상을 보셨더니 모든 것이 보시기에 아주 좋았대요. 일곱째 날, 하나님은 무엇을 하셨을까요? 하나님은 안식하셨어요. 쉽게 말하면 쉬셨다는 뜻이에요.

23

가스펠 설교

15~30분

들어가기

쌍안경을 목에 두르고 여행 가방을 들고 등장한다.

안녕하세요, 여러분! 열기구를 타고 비행하기 정말 좋은 날씨이지요? 여러분은 어디로 가고 싶어요? 저는 하나님이 모든 것을 창조하셨던 맨 처음으로 가고 싶어요. 오늘도 재미있게 배울 준비가 되었나요? 그런데 무엇을 가지고 가야 되는지 잘 모르겠어요. 그곳에도 제 휴대전화를 충전할 데가 있을까요? 없다고요? 그렇다면 일단 출발부터 하고, 가면서 생각하는 것이 좋겠네요.

연대표

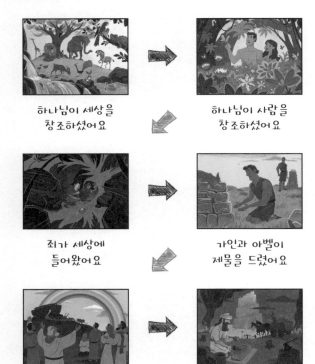

하나님이 세상을
창조하셨어요

하나님이 사람을
창조하셨어요

죄가 세상에
들어왔어요

가인과 아벨이
제물을 드렸어요

하나님이 노아와
가족을 구해 주셨어요

바벨탑을 쌓던
사람들이 흩어졌어요

1과에서 우리는 하나님이 세상의 모든 것을 창조하셨다는 것을 배웠어요. 세상의 맨 처음에 하나님이 땅과 하늘, 별과 바다를 창조하시고, 땅과 하늘과 바다에 사는 동물들과 식

물들을 만드셨어요. 하나님은 이 모든 것을 말씀으로 창조하셨지요. 하나님이 "○○야, 생겨라!" 하고 말씀하시면 모든 것이 그대로 생겼어요. **하나님은 이 세상 모든 것을 하나님의 영광을 위해 창조하셨어요.** 하나님이 창조하신 것들은 하나님이 보시기에 좋았지요.

하지만 이것으로 창조가 끝난 것이 아니에요. 하나님은 뒤이어 사람을 창조하셨어요! 그런데 하나님이 사람을 창조하신 방법은 좀 특별했어요. **하나님은 하나님의 형상대로 사람을 창조하셨고, 남자와 여자로 만드셨어요.**

성경의 초점

하나님은 왜 세상을 창조하셨나요?
하나님은 이 세상 모든 것을 하나님의 영광을 위해 창조하셨어요.

성경 이야기

하나님이 어떻게 사람을 창조하셨는지 주의 깊게 들어 보세요. 하나님은 사람을 지으실 때 다른 피조물들과는 다르게 창조하셨대요.

창세기 1~2장을 펴고, 설교 영상(지도자용 팩)을 보여 주거나 이야기 성경을 들려준다.

우와! 맨 처음부터 하나님은 사람을 정말 사랑하셨군요! 하나님은 아담과 하와를 다른 창조물들과는 다르게 만드셨어요. **하나님은 하나님의 형상대로 사람을 창조하셨고, 남자와 여자로 만드셨어요.** '하나님의 형상대로'라는 말은 하나님이 사람을 하나님과 비슷하게 만드셨다는 뜻이에요. 하나님은 사람에게 동물들을 돌보는 일을 맡기셨고, 필요한 모든 것을 주셨어요.

복/습/질/문

1 하나님은 아담과 하와를 창조 몇째 날 창조하셨나요?

여섯째 날 (창 1:26-31)

2 하나님은 사람을 어떻게 만드셨나요?

땅의 흙으로 사람을 지어 하나님의 생기를 그 코에 불어 넣으셨다

(창 2:7)

3 하나님은 아담에게 어떤 일을 맡기셨나요?

동산을 돌보며 지키게 하셨다 (창 2:15)

4 하나님은 아담에게 어떤 명령을 내리셨나요?

동산의 각종 나무의 열매는 먹어도 좋지만, 선악을 알게 하는 나무의 열매는 먹지 말라 (창 2:16~17)

5 하나님은 홀로 사는 아담을 도와줄 짝을 만들어 주셨어요. 하나님은 어떻게 아담의 짝을 만드셨나요?

하나님은 아담의 갈빗대 하나를 가지고 하와를 만드셨다 (창 2:21-22)

6 하나님은 자신이 만드신 세상을 보고 어떻게 생각하셨나요?

하나님이 보시기에 심히 좋았다 (창 1:31)

7 하나님은 창조 일곱째 날 무엇을 하셨나요?

하나님은 안식하셨다 (창 2:2)

8 하나님은 왜 세상을 창조하셨나요?

하나님은 이 세상 모든 것을 하나님의 영광을 위해 창조하셨어요.

 ## 찬양

 나의 창조주

말씀으로 세상을 창조하신 분
그분은 나의 주 나의 하나님
하나님 형상대로 사람을 만드시고
보시기에 좋다 말씀하셨네

생육하고 번성하라 온 땅에 충만하라
주의 영광 위하여 우릴 지으신 주
모든 만물 다스리라 온 땅을 정복하라
하나님 보시기에 좋았던 아름다운 세상

찬양하라 경배하라 주를 예비하라
주의 영광 위하여 우릴 부르신 주
열방 가운데 선포하라 주 예수 그리스도
영원히 주 다스리시는 하나님의 나라.

※ 지도자용 팩 또는 가스펠 프로젝트 홈페이지(gospelproject.co.kr)에서 이용하세요.

 ## 복음 초청

성경과 35쪽 복음 초청 가이드를 이용해서 아이들에게 그리스도인이 되는 법을 설명해 준다. 따로 상담해 줄 사람을 정해 주고 궁금한 점이 있으면 물어보도록 격려한다.

이 시간 예수님을 마음에 모시고 싶은 친구는 함께 기도해요.

 ## 기도

온 세상의 창조주이신 하나님, 우리 한 사람, 한 사람을 하나님의 형상대로 만들어 주셔서 감사합니다. 우리가 우리 자신뿐만 아니라 다른 사람들에게서도 하나님의 형상을 발견하도록 도와주시고, 하나님이 지으신 우리가 살아가는 목적이 하나님을 찬양하는 것임을 깨닫게 해 주세요. 예수님의 이름으로 기도합니다. 아멘.

 ## 적용

TIP 설교 도입이나 적용으로 활용하거나 영상을 본 뒤 소그룹에서 풍성한 대화를 이어 갈 수 있습니다.

여러분, 혹시 '하나님이 어떻게 우리 모두를 하나님을 닮은 모습으로 창조하셨을까?'라고 궁금하게 여긴 적 있나요?

적용 예화 영상(지도자용 팩)을 보여 준다.

하나님은 하나님의 형상대로 사람을 창조하셨고, 남자와 여자로 만드셨어요. 이렇게 모든 사람이 하나님의 형상대로 창조되었으니 모든 사람에게서 하나님의 모습을 발견할 수 있게 되었지요. 누구든 귀중한 사람으로 대해야 하는 것은 당연하겠지요? 어떻게 하면 우리가 다른 사람을 귀중하게 대할 수 있을까요?

여러분은 여러분과 다른 사람을 어떻게 대하나요? 모든 사람이 하나님의 형상대로 만들어졌다는 것을 아는 사람이라면 다른 사람을 어떻게 대해야 할까요?

가스펠 소그룹

10~20분

나침반

말씀 따라 쓰기

[준비물] 학생용 교재 12쪽, 연필

> 그러나 우리에게는
>
> 한 하 나 님 곧 아버지가 계시니
>
> 만물이 그 에게서 났고
>
> 우리도 그 를 위하여 있고
>
> 또한 한 주 예 수 그리스도께서 계시니
>
> 만물이 그 로 말미암고
>
> 우리도 그 로 말미암아 있느니라
>
> 고린도전서 8장 6절

① 빈칸에 적힌 흐린 글씨를 따라 쓰며 암송 구절을 익히게 한다.

② 의미를 알 수 있도록 어려운 단어의 뜻을 설명해 주고, 지시대명사 '그'가 누구인지 알려 준다.

── 모든 것을 창조하신 하나님은 한 분밖에 없는 진짜 하나님이세요. 고린도전서 8장 6절은 우리에게 하나님만이 유일한 창조주이심을 알려 주고 있어요. **하나님은 왜 세상을 창조하셨나요? 하나님은 이 세상 모든 것을 하나님의 영광을 위해 창조하셨어요.** 우리가 살아가는 목적은 하나님께 예배드리고, 모든 사람에게 하나님이 얼마나 놀라운 분이신지를 나타내기 위해서예요.

연대표

[준비물] 학생용 교재 94~95쪽

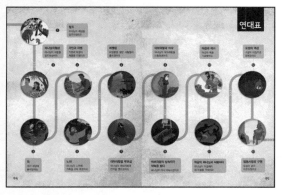

연대표에서 오늘의 성경 이야기의 위치를 확인한다. 성부 하나님, 성자 하나님, 성령 하나님은 세상의 시작과 상관없이 언제나 계셨다는 것을 떠올리게 해 준다(요 1:1~4).

── 연대표의 시작은 하나님의 시작이 아니라 창조의 시작이에요. 하나님은 창조 이전부터 계셨어요. **하나님은 왜 세상을 창조하셨나요? 하나님은 이 세상 모든 것을 하나님의 영광을 위해 창조하셨어요.**

보물 지도

성경 읽기

[준비물] 성경

아이들이 직접 성경을 찾아보며 다음 질문에 대한 답을 찾게 한다. 손가락으로 정답을 짚어 교사에게 보여 주게 한다.

1 하나님은 사람을 세상이나 다른 창조물들과는 다르게 창조하셨어요. 우리를 어떻게 창조하셨나요?

하나님의 형상대로 (창 1:27)

2 하나님은 창조 몇째 날에 아담과 하와를 만드셨나요?

여섯째 날 (창 2:26-31)

성경 이야기 들으며 점토로 사람 만들기 ✱

[준비물] 갈색 점토

① 성경 이야기를 복습하며 점토로 사람을 만들어 보게 한다.

② 자신이 만든 작품에 숨을 불어 넣으면 어떤 일이 일어날지 물어보고, 하나님이 사람을 어떻게 만드셨는지 질문한다.

── 하나님은 흙으로 아담을 만드시고 생명을 불어 넣으셨어요. 사람을 아주 특별한 방법으로 만드셨지요.

③ 2과의 주제를 함께 외친다.

── **하나님은 하나님의 형상대로 사람을 창조하셨고, 남자와 여자로 만드셨어요.**

탐험하기

하나님을 닮아 가요

[준비물] 학생용 교재 13쪽, 연필

● ① 하나님의 성품을 이야기해 보게 한다.

② [보기]에 모르는 단어가 있는지 확인하고 설명해 준다.

③ 자신이 하나님의 어떤 모습을 닮았는지 나누어 보고, 자신이 닮고 싶은 하나님의 성품은 어떤 것인지, 그 이유와 실천 방법에 대해 이야기를 나눈다.

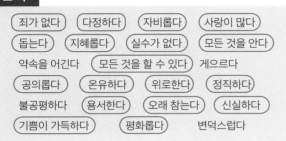

죄가 없다	다정하다	자비롭다	사랑이 많다
돕는다	지혜롭다	실수가 없다	모든 것을 안다
약속을 어긴다	모든 것을 할 수 있다	게으르다
공의롭다	온유하다	위로한다	정직하다
불공평하다	용서한다	오래 참는다	신실하다
기쁨이 가득하다	평화롭다	변덕스럽다

우리 하나님이 완벽하시고, 모든 것을 하실 수 있고, 모든 것을 아시는 분이라 얼마나 다행인가요? 모든 것을 아시는 하나님이 그 완벽한 지식을 가지고 우리를 지금의 모습으로 만들어 하나님께 영광을 돌릴 수 있게 하셨어요. 하나님은 우리를 다른 창조물들처럼 만들지 않으셨어요. **하나님은 하나님의 형상대로 사람을 창조하셨고, 남자와 여자로 만드셨어요.** 우리는 다른 창조물들보다 귀한 존재예요! 하나님은 우리가 다른 사람들에게 하나님을 보여 줄 수 있도록 만드셨어요!

같지만 달라요 *

[준비물] 바구니, 10가지 성품을 적은 종이

① 10가지 성품을 종이에 적은 후 내용이 보이지 않게 접어서 바구니에 담아 둔다.

② 한 명씩 돌아가며 종이를 한 장씩 뽑아 적혀 있는 성품을 크게 읽게 한다.

③ 그 성품이 하나님과 사람에게 공통적인 것이면 양팔을 옆으로 벌리게 하고, 오직 하나님께만 있는 성품이면 양팔을 위로 올리게 한다.

하나님은 사람을 하나님의 형상대로 창조하셔서 그를 통해 하나님이 어떤 분이신지를 세상에 드러나게 하셨어요. 사람의 특징 또는 성품 중에 하나님도 가지고 계실 만한 것은 무엇이 있을까요? 반대로 하나님은 가지고 계시지만 사람에게는 없는 성품은 무엇일까요? 하나님은 아담을 하나님의 형상대로 만드셨지만, 아담이 하나님과 모든 면에서 똑같

은 것은 아니었어요. 사람은 모두 마찬가지랍니다. 하나님은 예수님을 보내서서 하나님의 모습을 완벽하게 나타내 주셨어요.

🧰 보물 상자

나만의 기록장

[준비물] 학생용 교재 14쪽, 연필이나 색연필

하나님이 어떤 분이신지를 드러내는 자신의 모습을 그려 보게 한다. 글을 쓸 수 있다면 사람의 성품 중에서 하나님의 크고 놀라우심을 드러내는 것들의 목록을 적게 해도 좋다.

하나님은 하나님의 형상대로 사람을 창조하셨고, 남자와 여자로 만드셨어요. 하나님은 여러분을 하나님의 형상대로 창조하셨어요. 아주 특별한 존재로요! 우리는 다른 사람을 통해서 하나님을 볼 수 있고, 우리의 모습을 통해 다른 사람에게 하나님을 보여 줄 수 있어요. 우리는 하나님을 닮은 모습으로 하나님께 영광을 돌리는 삶을 살아야 해요!

TIP '나만의 기록장'을 잘 모아 두면 믿음의 성장 과정을 기록한 자료로서 좋은 선물이 될 수 있다. 별도의 수첩을 이용해도 좋다.

메시지 카드

이번 주 메시지 카드로 부모님과 함께 오늘 배운 성경 이야기를 나누어 보라고 한다.

기도

우리를 하나님의 형상을 닮은 단 하나의 특별한 존재로 창조해 주신 하나님, 감사합니다. 우리의 모습을 통해서 다른 사람들이 하나님이 어떤 분이신지 알게 해 주세요. 예수님의 이름으로 기도합니다. 아멘.

3

죄가 세상에 들어왔어요

창 3:1~24

본문 속으로

아담과 하와는 에덴동산의 모든 좋은 것을 누렸습니다. 하나님은 그들에게 단 한 가지만 금하셨습니다. "선악을 알게 하는 나무의 열매는 먹지 말라." 그에 대한 처벌은 가혹했습니다. "네가 먹는 날에는 반드시 죽으리라."

타락하기 전 아담과 하와는 하나님과 서로 사랑하는, 상호적인 관계를 나누었습니다. 에덴동산은 진정한 낙원이었습니다. 하나님은 사람들이 마음껏 누리고 하나님께 감사드릴 수 있도록(바로 이것이 하나님께 영광을 돌리는 것입니다) 온갖 좋은 선물로 동산을 채우셨습니다. 그러나 아담과 하와가 뱀의 유혹에 넘어가면서 모든 것이 변했습니다. 하와는 사람들을 죄에 빠뜨리는 거짓말에 속았습니다. 그것은 바로 '하나님이 내게 무엇인가를 숨기고 계신'라는 거짓말입니다.

아담과 하와는 더 많은 것을 갈망했습니다. 그것은 열매가 준다는 지혜였습니다. 하지만 눈이 밝아졌을 때 그들이 깨달은 것은 자신들의 벌거벗음이었고 부끄러움이었습니다. 하나님의 마음은 그들의 불순종과 반역으로 인해 찢어졌습니다. 아담과 하와의 죄 때문에 하나님은 그들을 동산에서 쫓아내셨습니다. 죄의 결과는 즉각적이고 영원한 것이었습니다. 아담과 하와의 삶과 그 자녀들의 삶, 그리고 나아가 모든 인류의 삶이 그들의 선택으로 인해 영향을 받게 되었습니다. 그러나 하나님은 아담과 하와를 소망 없이 내버려두지 않으셨습니다. 하나님은 하와의 후손이 뱀의 머리를 상하게 할 것이라고 약속하셨습니다(창 3:15). 하와 이후의 모든 세대는 자신의 자녀들 중 하나가 바로 그 약속된 자이기를 소망했습니다. 뱀의 머리를 상하게 하고 피조물들에게 내려진 저주를 종결지을 바로 그 사람 말입니다.

죄는 특단의 해결책이 필요한 큰 문제입니다. 약속된 시기에 하나님은 하나님의 아들을 세상에 보내서서 아기로 태어나게 하셨습니다. 마태복음 1장 21절은 "아들을 낳으리니 이름을 예수라 하라 이는 그가 자기 백성을 그들의 죄에서 구원할 자이심이라"라고 말합니다.

주제

아담과 하와의 죄가 그들을
하나님으로부터 갈라놓았어요.

가스펠 링크

사람들을 죄에서 구원해 하나님께로
다시 인도하시기 위해 예수님이 세상에
오셨어요.

● ● 티칭 포인트

아이들에게 '사람은 태어날 때부터 죄인'이라는 슬픈 소식을 전해 주십시오. 하지만 우리가 죄인이라는 것을 점점 깨달아 갈수록 복음이 우리에게 얼마나 큰 기쁨이 되는지도 더불어 가르쳐 주십시오. "그리스도 예수께서 죄인을 구원하시려고 세상에 임하셨다"(딤전 1:15).

✝

죄가 세상에 들어왔어요 창 3:1~24

하나님은 아담과 하와를 아름다운 동산에서 살게 하셨어요. 동산에는 그들이 먹을 수 있는 과일이 가득했지요. 하나님은 그들에게 한 가지 명령을 하셨어요. 동산에 있는 각종 나무의 열매는 먹어도 되지만, '선과 악을 알게 하는 나무'의 열매만은 먹으면 안 된다고 하셨지요. "선악을 알게 하는 나무의 열매는 먹지 말아라. 그것을 먹는 날에는 네가 반드시 죽을 것이다."

뱀은 동산에서 가장 교활한 동물이었어요. 어느 날 뱀이 하와에게 다가가 "하나님이 너에게 동산에 있는 모든 나무의 열매를 먹지 말라고 하셨니?"라고 물었어요. 그러자 하와는 이렇게 말했어요. "우리는 동산에 있는 나무의 열매를 먹을 수 있어. 하지만 하나님이 동산 가운데에 있는 나무의 열매는 먹지 말라고 하셨어. 만약 그 나무의 열매를 먹거나 만지면 우리는 죽을 거래." 뱀이 하와에게 말했어요. "아니야, 너희는 절대 죽지 않아. 그 나무의 열매를 먹으면 죽기는커녕 하나님처럼 될 거야. 선과 악을 알게 될 거라고."

하와는 하나님이 먹지 말라고 하신 열매를 쳐다보았어요. 정말 맛있어 보였지요. 뱀이 말한 것처럼 지혜를 줄 것 같기도 했어요. 그래서 하와는 열매를 따서 먹었어요. 하와는 그 열매를 자기와 함께 있는 남편에게도 주었고, 아담도 그 열매를 먹었지요. 그러자 갑자기 아담과 하와의 눈이 밝아졌어요. 그들은 자신들이 벌거벗고 있다는 사실을 깨닫게 되었어요. 아담과 하와는 무화과나무 잎으로 옷을 만들어 입었어요.

그날 저녁, 아담과 하와는 하나님이 동산을 거니시는 소리를 들었어요. 그들은 나무 사이에 숨었어요.

"아담아, 어디 있느냐?" 하나님이 아담을 부르셨어요. 아담은 "제가 벌거벗은 것이 두려워 숨었습니다"라고 대답했어요. 하나님이 아담에게 물으셨어요. "네가 벗은 것을 누가 알려 주었느냐? 내가 먹지 말라고 명령한 나무의 열매를 네가 먹었느냐?" 아담은 하와를 탓하며 대답했어요. "하와가 저에게 그 나무의 열매를 주어서 먹었습니다." 하와는 또 뱀을 탓했지요. "뱀이 저를 속였습니다."

하나님은 뱀의 속임수와 아담과 하와의 불순종 때문에 나쁜 일들이 일어날 것이라고 말씀하셨어요. 하와는 아기를 낳을 때 큰 고통을 겪게 될 것이고, 아담은 열심히 일해야만 먹을 것을 얻게 될 것이라고 하셨지요. 뱀은 배로 기어 다니고 여자의 적이 될 것이며, 하나님은 하와의 후손이 뱀을 멸망시킬 것이라고 약속하셨어요.

아담과 하와가 죄를 지은 후 모든 것이 달라졌어요. 죄는 아담과 하와를 하나님으로부터 갈라놓았어요. 하나님은 아담과 하와에게 동물의 가죽으로 옷을 만들어 입히시고 그들을 에덴동산 밖으로 쫓아내셨어요. 그리고 동산 동쪽에 천사들과 불 칼을 두어 생명나무로 가는 길을 지키게 하셨어요.

●● 가스펠 링크

아담과 하와 이후에 태어난 모든 사람은 죄인이에요. 죄는 사람들을 하나님으로부터 갈라놓아요. 하나님은 하와의 후손이 죄와 죽음을 끝낼 것이라고 약속하셨어요. 아담이 죄가 없는 완벽한 삶을 살지 못했기 때문에 하나님은 아들이신 예수님을 보내셨어요. 사람들을 죄에서 구원해 하나님께로 다시 인도하시기 위해 예수님이 세상에 오셨어요.

가스펠 준비 10~20분

 환영

도착하는 아이들을 반갑게 맞이하고 헌금, 출석, QT 등을 확인하며 격려한다. 편안한 분위기에서 안부를 물으며 오늘의 말씀과 관련된 화제로 이야기를 나눈다. 자발적으로 대화에 참여하도록 이끈다. 학생용 교재의 성경 이야기 그림을 색칠하며 오늘의 말씀을 생각해 보게 하는 것도 좋다.

예) "지난주에 실망스럽거나 화나는 일이 있었나요?", "만약 어떤 상황이었다면 실망하거나 화가 나지 않았을까요?" 등.

 마음 열기

머리 위에 접시 얹고 그림 그리기 *

[준비물] 종이 접시, 사인펜

① 아이들에게 종이 접시와 사인펜을 하나씩 나누어 준다.

② 종이 접시를 머리 위에 얹은 다음 인도자의 지시에 따라 종이 접시에 그림을 그리게 한다. 그림 내용을 아주 구체적으로 말하는 것이 좋다.

예) "원을 그리고 오른쪽에 작은 사각형을 그리세요. 그 사각형 안에 별을 그리세요" 등.

③ 종이 접시를 머리에서 내리고 지시대로 정확하게 그렸는지 살펴보게 한다.

━━ 선생님이 말한 대로 정확하게 그릴 수 있는 사람은 아무도 없었지요? 하나님의 명령을 성경에서 말씀하신 그대로 완벽하게 따를 수 있는 사람이 있을까요? 그렇게 완벽한 사람은 오직 예수님뿐이세요. 이 세상에 살았던 모든 사람은 다 죄를 지었어요. **죄가 무엇인가요?** 죄가 무엇인지 오늘 알게 될 거예요.

성공률 100%에 도전하라 *

[준비물] 종이공, 바구니

① 아이들을 한 줄로 세운 뒤 한 명씩 바구니에 종이공을 넣는 도전 기회를 준다.

② 처음에는 공을 잘 넣을 수 있도록 바구니의 위치를 맞추어 주다가 두세 차례 뒤에는 바구니를 들고 예배실을 돌아다니며 공을 넣기 힘들게 만든다.

③ 공이 빗나갈 때까지 계속한다.

④ 공을 넣지 못한 아이는 자리에 앉게 한다.

⑤ 모든 아이의 공이 빗나갈 때까지 계속한다.

━━ 던질 때마다 완벽하게 바구니에 공을 넣은 사람은 아무도 없었어요. 세상에서 제일 훌륭한 야구 선수라도 공을 잘못 던질 때가 있지요. 마찬가지로 아무도 죄를 짓지 않는 삶, 완벽한 삶을 살 수는 없답니다. **죄가 무엇인가요?** 오늘 죄에 대해 함께 배워 보기로 해요. 오늘 이야기에서는 **아담과 하와의 죄가 그들을 하나님으로부터 갈라놓았어요.**

믿고 따라야 산다 *

[준비물] 눈가리개, 색 테이프

① 바닥에 색 테이프로 출발선과 도착선, 그리고 각종 장애물(그물망처럼 색 테이프로 선을 그어 표시)을 만든다. 인원수에 따라 출발 인원을 조절한다. 관람석을 지정해 친구들의 경기를 응원하게 하는 것도 좋다.

② 둘씩 짝을 지어 출발선에 세운 뒤 눈가리개로 한 명의 눈을 가린다. 눈을 가리지 않은 짝은 한 발 앞에 서게 한다.

③ 짝의 목소리를 따라 장애물을 피해 도착선에 이르면 역할을 바꾸어 눈가리개를 착용하고 같은 방식으로 출발선에 도착한다.

④ 경로를 벗어난 경우 게임을 중단하고 자리로 돌아가 친구들의 경기를 관람하게 한다.

━━ 눈을 가렸을 때 여러분은 어떻게 해야 했나요? 짝의 말을 잘 듣고 그 말을 따라야 했을 거예요. 우리가 하나님을 믿고 따라야 하는 것도 같은 이유 때문이에요! 오늘 이야기에서 아담과 하와는 하나님을 믿지 않기로 마음먹었어요. 그것은 죄였고, 죄는 그들에게 큰 문제를 일으켰지요. **아담과 하와의 죄가 그들을 하나님으로부터 갈라놓았어요.**

가스펠 설교

15~30분

 들어가기

챙이 넓은 모자를 쓰고 쌍안경을 든 채 등장한다.

오, 안녕하세요. 여행은 어떠했나요? 지난번에 여러분을 만났을 때 여러분은 하나님의 창조를 아주 가까이에서 보기 위해 여행을 떠날 준비를 하고 있었지요? 쌍안경을 눈에 갖다 댄다. 오늘은 이 세상이나 인간이 아니라 무엇인가 다른 것의 시작을 보게 될 텐데요, 그것은 사실 슬픈 시작이랍니다. 오늘 우리는 죄의 시작을 보게 될 거예요. 죄가 무엇인지 아는 친구 있나요? 죄에 대해서는 잠시 후에 더 자세히 배우기로 하고, 지금은 높은 곳에 올라가 어떤 일이 생길지 살펴보기로 해요. 열기구를 가리키며 움직인다.

 연대표

연대표를 가리키며 오늘 성경 이야기의 위치를 확인한다.

하나님이 세상을 창조하셨어요

하나님이 사람을 창조하셨어요

죄가 세상에 들어왔어요

가인과 아벨이 제물을 드렸어요

하나님이 노아와 가족을 구해 주셨어요

바벨탑을 쌓던 사람들이 흩어졌어요

지난 2주간 우리가 배운 내용을 복습해 볼까요? 시간이 시작되고, 하나님이 모든 것을 만드신 때를 기억하나요? 여러분이 그 자리에 있지는 않았지만, 들어 본 적은 있을 거예요. 땅이나 동물, 새, 벌레 같은 것들이 생기기 훨씬 전에는 오직 성부 하나님, 성자 하나님, 그리고 성령 하나님만 계셨어요. 하나님은 창조되시지 않았어요. 오히려 모든 것을 창조하셨지요! 하나님은 이 세상 모든 것을 6일 만에 만드셨어요. **하나님은 이 세상 모든 것을 하나님의 영광을 위해 창조하셨어요.** 하나님은 사람을 다른 창조물들과는 다른 방법으로 창조하셨어요. 하나님은 말씀으로 이 세상 모든 것이 생겨나게 하셨지만, 사람을 창조하실 때에는 땅에서 흙을 모아 사람의 모양으로 빚으시고, 코에 생기를 불어 넣으셨어요. 그리고 여자는 남자의 갈비뼈를 가지고 만드셨지요. 그들은 특별했어요. **하나님은 하나님의 형상대로 사람을 창조하셨고, 남자와 여자로 만드셨어요.**

오늘의 성경 이야기는 죄가 이 세상에 들어온 때에 관한 거예요. 죄가 들어온 후 세상은 이전과 완전히 달라졌어요. **아담과 하와의 죄가 그들을 하나님으로부터 갈라놓았어요.**

 성경의 초점

임의로 한 아이를 불러 1~2과의 '성경의 초점' 질문을 던지고 답하게 한다. 아이가 어려워하면 PPT(지도자용 팩) 등을 보고 읽게 한다.

다 같이 대답해 볼까요? **하나님은 왜 세상을 창조하셨나요? 하나님은 이 세상 모든 것을 하나님의 영광을 위해 창조하셨어요.**

하나님은 아담과 하와를 창조하셔서 에덴동산에 두셨어요. 모든 것이 완벽했지요. 그런데 갑자기 나쁜 일이 생기기 시작했어요. 아담과 하와는 하나님의 동산을 떠나야 했어요. 성경 이야기를 잘 들으면서 왜 그렇게 되었는지 생각해 보세요. 그리고 두 번째 '성경의 초점'을 배우게 될 거예요. **죄가 무엇인가요?** 성경 이야기를 잘 듣고 질문의 답을 찾아보세요.

성경 이야기

 창세기 3장을 펴고, 설교 영상(지도자용 팩)을 보여 주거나 이야기 성경을 들려준다.

정말 죄는 아주 심각한 문제이군요! **죄가 무엇인가요? 죄는 하나님의 법을 어기는 거예요. 죄는 사람들을 하나님으로부터 갈라놓아요.** 아담과 하와는 그들이 지은 죄의 결과를 보게 되었어요. **아담과 하와의 죄가 그들을 하나님으로부터 갈라놓았어요.** 하지만 하나님은 여전히 그들을 사랑하셨고, 그들을 불쌍하게 여기셨어요. 오늘 이야기를 복습해 봅시다.

복/습/질/문

1 아담과 하와는 죄를 짓기 전에 어디에서 살았나요?

에덴동산 (창 2:8)

2 하나님이 아담과 하와에게 금지하신 단 한 가지는 무엇인가요?

선악을 알게 하는 나무의 열매는 먹지 말라 (창 2:16~17)

3 뱀은 선과 악을 알게 하는 나무의 열매에 대해 하와에게 무엇이라고 말했나요?

그 열매를 먹으면 눈이 밝아져 하나님과 같이 되어 선악을 알게 될 것이다 (창 3:4~5)

4 하와는 뱀의 거짓말을 믿었나요?

믿었다. 그래서 열매를 먹었다 (창 3:6)

5 아담과 하와가 열매를 먹었을 때 어떤 일이 일어났나요?

그들은 자신들이 벌거벗은 것을 알고 옷을 만들어 입었다 (창 3:7)

6 하나님은 뱀에게 무엇이라고 말씀하셨나요?

저주를 받을 것이다 (창 3:14~15)

7 아담과 하와가 지은 죄의 결과는 무엇이었나요?

하와는 아이를 낳을 때 큰 고통을 겪게 될 것이고, 아담은 피땀 흘려 땅을 일구어야만 양식을 얻을 수 있을 것이다. 그들은 또한 에덴동산에서 떠나야 했다 (창 3:16~24)

8 하나님은 아담과 하와를 보내시기 전에 어떤 자비를 베푸셨나요?

짐승의 가죽으로 옷을 만들어 입히셨다 (창 3:21)

9 죄가 무엇인가요?

죄는 하나님의 법을 어기는 거예요. 죄는 사람들을 하나님으로부터 갈라놓아요.

10 우리는 하나님의 명령을 모두 지킬 수 있을까요?

아니다. 우리는 모두 죄를 짓는다 (롬 3:23)

11 오늘날 우리가 죄를 지은 결과는 무엇인가요?

우리는 하나님으로부터 멀어졌고, 구원자가 필요하다 (창 3:22~24; 딤전 1:15)

아담과 하와의 죄가 그들을 하나님으로부터 갈라놓았어요. 그렇지만 하나님은 하와의 자손 중 하나가 죄와 죽음을 끝낼 것이라고 약속하셨어요. 하나님은 사람들을 죄에서 구하실 놀라운 계획을 갖고 계셨어요. 언젠가 하나님은 하나님의 아들 예수님을 보내서 죄와 죽음을 끝내실 거예요.

찬양

 주의 말씀

주의 말씀 온 세상 창조하셨네
주의 말씀 영원한 약속 주셨네
주를 떠난 죄인을 구하시네
주님께로 인도하네

주의 말씀 이 땅에 내려오셨네
하나님이 온전한 사람 되었네
신실하신 약속을 이루시려
십자가에서 죽으셨네

나는 믿네 하나님의 말씀
나는 믿네 예수 그리스도
주의 말씀 삶의 빛이 되어
언제나 인도하시네.

※지도자용 팩 또는 가스펠 프로젝트 홈페이지(gospelproject.co.kr)에서 이용하세요.

복음 초청

성경과 35쪽 복음 초청 가이드를 이용해서 아이들에게 그리스도인이 되는 법을 설명해 준다. 따로 상담해 줄 사람을 정해 주고 궁금한 점이 있으면 물어보도록 격려한다.

이 시간 예수님을 마음에 모시고 싶은 친구는 함께 기도해요.

기도

하나님, 우리의 죄가 하나님이 만드신 멋진 세상을 엉망으로 만들어 버렸어요. 우리도 아담과 하와처럼 죄를 지었어요. 하나님께 불순종하기로 마음먹었어요. 용서해 주세요. 우리는 하나님으로부터 도망쳐 숨으려고 했지만, 하나님은 우리를 찾아내 죄에서 구원해 주셨지요. 우리를 죄에서 구하기 위해 예수님을 보내 주신 하나님, 감사합니다. 이런 기쁜 소식을 알게 해 주셔서 감사합니다. 우리를 위해 십자가를 지신 주님, 사랑합니다. 예수님의 이름으로 기도합니다. 아멘.

 적용

TIP 설교 도입이나 적용으로 활용하거나 영상을 본 뒤 소그룹에서 풍성한 대화를 이어 갈 수 있습니다.

죄가 아담과 하와를 통해 이 세상에 들어왔지만, 하나님은 놀라지 않으셨어요. 하나님은 모든 것을 아시는 분이기 때문에 사람들이 하나님께 불순종할 것을 이미 알고 계셨어요. 여러분도 하나님의 말씀을 어기기로 마음먹은 적이 있나요? 영상을 같이 보면서 우리는 종종 어떤 모습으로 죄를 감추려고 하는지 생각해 보기로 해요.

DVD 적용 예화 영상(지도자용 팩)을 보여 준다.

아담과 하와는 죄를 지은 첫 사람들이었지만, 죄의 문제가 그들에게서 끝난 것은 아니었어요. 여러분은 죄를 짓나요? 우리 모두 죄를 짓지요. 로마서 3장 23절을 보면, 모든 사람이 죄를 지었기 때문에 하나님의 영광에 이르지 못한다고 해요. 우리 중 그 누구도 하나님의 법을 완벽하게 지킬 수 없어요. 그래서 하나님은 예수님을 보내셨답니다! 아담과 하와가 에덴동산에서 죄를 짓기 전부터, 예수님을 이 땅에 보내시려는 하나님의 계획은 이미 시작되었어요. 예수님을 통해서 우리의 죄는 용서받을 수 있답니다!

복음이란 '나를 위한 하나님의 멋진 계획' 이란다!

'복음'이라는 말을
들어 본 적 있니?
복음이란
'좋은 소식'이라는 뜻이야.
우리에게 보내신 하나님의
좋은 소식이 무엇일까?

 하나님은 세상을 만드셨단다

하나님은 온 세상을 만드셨고 사람을 아름답게 창조하셨어.
(창세기 1:1; 골로새서 1:16~17; 요한계시록 4:11)

 사람들은 죄를 짓고 하나님을 떠났어

그런데 사람들은 모두 죄를 지었고 하나님에게서 떠나 버렸어.
죄를 짓고 하나님과 관계가 끊어진 사람들은 결국 죽을 수밖에 없단다.
(로마서 3:23, 6:23)

 하나님은 구원 계획을 갖고 계시단다

우리는 아무리 노력해도 하나님과 하나가 될 수 없었고 죽을 수밖에
없었어. 그래서 하나님은 우리를 구원하시고 다시 살리시기 위해서
예수님을 보내 주셨단다.
(요한복음 3:16; 에베소서 2:8~9)

 예수님이 우리에게 생명을 주셨어

예수님은 우리의 죄를 씻어 주시려고 십자가에서 우리 대신 죽으셨단다.
우리는 예수님 때문에 다시 깨끗해졌고 하나님과 함께 살 수 있게
되었어. 예수님이 자기의 생명을 내어 주셨기 때문에 우리는 영원한
생명을 얻을 수 있게 되었고 하나님과 함께 살 수 있게 되었어.
이것이 하나님의 최고의 선물이야!
(로마서 5:8; 고린도후서 5:21; 베드로전서 3:18)

 예수님! 우리 마음에 오세요!

예수님을 믿고 마음에 받아들이면 하나님의 자녀가 된단다.
이것이 가장 좋은 소식, 복된 소식, 복음이란다.
(요한복음 1:12~13; 로마서 10:9~10, 13)

예수님을 영접하기 원하는 어린이가 있다면 개인적으로 상담하고
영접 기도를 할 수 있도록 도와주세요.
예수님이 ○○를 사랑하시는 것을 믿겠니?
예수님이 ○○의 죄를 씻어 주신 것을 믿겠니?
예수님을 ○○의 마음에 받아들이겠니?

믿음을 고백하고 예수님을 영접하기 원하는 어린이를 위해 간절히
기도해 주세요.
이제 ○○는 하나님의 자녀(아들, 딸)가 되었어!
이것이 예수님을 통해 ○○에게 이루어 주신 하나님의 계획이야!
○○야, 하나님의 자녀(아들, 딸) 된 것을 축하해!

가스펠 소그룹 10~20분

나침반

암송 구절 사다리

[준비물] 학생용 교재 18쪽, 연필

① 사다리 타기 규칙을 시범을 보이며 소개한다.

② 암송 구절을 함께 읽으며 사다리를 타고 다음 구절로 넘어가게 한다. 친구들과 함께 속도를 맞추어 암송 구절을 읽으며, 앞에서부터 차례대로 사다리를 타 암송 구절을 완성한 뒤 의미를 생각해 보게 한다.

━━ 이 말씀은 우리에게 오직 한 분이신 하나님과 그분의 아들 예수님이 계신다고 말하고 있어요. 우리가 죄를 짓는 것은 "하나님이 우리에게 원하시는 것보다 우리의 계획이 좀 더 중요한 것 같아요"라고 말하는 것과 마찬가지예요. 아담과 하와 이후 모든 사람은 하나님께 죄를 지었어요. 하지만 하나님은 자비로우셔서 예수님을 보내시어 사람들을 죄에서 구원할 계획을 세우셨어요. 예수님을 믿는 모든 사람은 죄를 용서받고 하나님과 바른 관계를 회복할 수 있어요!

보물 지도

성경 읽기

[준비물] 성경

아이들이 직접 성경을 펴고 정답을 찾아보게 한다.

1 우리는 하나님의 명령을 모두 지킬 수 있을까요?

아니다. 우리는 모두 죄를 짓는다 (롬 3:23)

2 오늘날 우리가 죄를 지은 결과는 무엇인가요?

우리는 하나님으로부터 멀어졌고, 구원자가 필요하다 (창 3:22~24; 딤전 1:15)

3 죄가 무엇인가요?

죄는 하나님의 법을 어기는 거예요. 죄는 사람들을 하나님으로부터 갈라놓아요.

━━ **아담과 하와의 죄가 그들을 하나님으로부터 갈라놓았어요.** 아담과 하와 이후 모든 사람이 죄를 지었어요. 우리가 죄를 지었을 때 우리는 다른 사람을 탓하거나 변명할 필요가 없어요. 우리는 우리의 죄를 고백할 수 있어요. 왜냐하면 예수님이 우리 죄를 대신해 벌을 받으시려고 십자가에서 죽으셨기 때문이에요. 우리가 예수님을 믿을 때 하나님은 우리의 죄를 용서해 주세요.

탐험하기

죄는…

[준비물] 학생용 교재 19쪽, 연필

① 과일에 적힌 글자를 이용해 암호를 풀어 문장을 완성하게 한다.

② 완성된 문장을 읽고, 아담과 하와가 이후 어떻게 되었는지에 대해 이야기를 나눈다.

━━ 죄는 엄청난 결과를 낳았어요. **아담과 하와의 죄가 그**

들을 하나님으로부터 갈라놓았어요. 그래서 그들은 에덴동산에서 떠나야 했어요. 하지만 하나님은 예수님을 십자가에서 우리 대신 죽게 하심으로 아담과 하와의 죄, 그리고 우리의 죄로 인한 벌까지 받게 하셨어요. 하나님으로부터 멀어진 것은 영원하지 않아요. 예수님은 죽으시고 부활하셔서 우리와 하나님 사이를 갈라놓은 죄를 없애셨어요. 우리는 죄를 고백하고 예수님을 믿어 하나님과 다시 가까워질 수 있어요.

참과 거짓 ✳

[준비물] 색 테이프, 옷핀이나 작은 단추 등 투표용 소품, '참'과 '거짓'이 각각 적힌 바구니 2개

① 바닥에 색 테이프로 안내 선을 만든다.

TIP 직선보다는 변형된 선을 만들어 난이도를 높이면 재미를 더할 수 있다.

② 두 팀으로 나누거나 한 명씩 차례대로 진행하되, 코 위에 옷핀이나 작은 단추를 올리게 한 후 질문을 던진다. 안내 선을 따라 걸어간 아이는 질문의 답에 해당하는 참 바구니 또는 거짓 바구니에 옷핀이나 작은 단추를 떨어뜨리면 된다.

예) "피자는 이 세상에서 가장 건강한 식품이다."(거짓), "스웨덴에는 토끼 점프 대회가 있다."(참), "신호등이 빨간불로 바뀌면 앞으로 가도 된다."(거짓), "캐나다는 영토의 면적만 보면 세계에서 두 번째로 넓은 나라다."(참), "서울은 우리나라에서 제일 작은 도시다."(거짓) 등.

᠁ 여러분, 참과 거짓을 구별하기가 쉽지 않았지요? 그리고 참 바구니와 거짓 바구니까지 가는 데도 어려웠지요? 가끔은 참과 거짓을 구별하기 힘든 경우가 있어요. 뱀은 하와에게 하나님의 선하심을 의심하게 하는 거짓말을 했어요. 뱀이 하와에게 거짓말을 했고, 그 때문에 하와는 죄를 지었지요. **아담과 하와의 죄가 그들을 하나님으로부터 갈라놓았어요.** 무엇이 참인지 우리는 어떻게 알 수 있을까요? (성경을 읽거나 기도로 하나님께 물어보기 등.)

회복 ✳

[준비물] 종이, 사인펜, 셀로판테이프

① 아이들에게 종이를 한 장씩 주고 사인펜으로 그림을 그리게 한다. 종이를 3~4조각으로 찢게 한다.

᠁ 하나님이 이 세상을 창조하셨을 때 모든 것은 하나님이 보시기에 좋았어요. 그런데 뱀이 하와를 속여 하나님이 먹지 말라고 하신 나무의 열매를 따서 먹게 했고, 아담도 함

께 먹었어요. 죄가 세상에 들어왔고, **아담과 하와의 죄가 그들을 하나님으로부터 갈라놓았어요.** 모든 것이 깨어지고 찢어졌어요. 여러분의 작품처럼 말이지요. 하나님은 모든 사람이 죄를 지을 것을 아셨어요. 그래서 예수님을 세상에 보낼 계획을 세우셨지요(예수님은 십자가에서 죽으시고 3일 후에 부활하심으로 죄의 대가를 치르셨어요).

② 아이들이 셀로판테이프로 그림을 다시 붙이도록 도와준다.

᠁ 하나님은 우리가 용서받도록 하시기 위해 예수님을 보내셨어요. 예수님은 죄 때문에 깨어진 모든 것을 고치기 위해 오셨어요. 예수님은 죄의 문제를 완전히 해결해 주셨어요. 예수님은 우리를 새롭게 만들어 주세요. 마치 우리가 전혀 죄를 짓지 않은 것처럼 말이에요!

 보물 상자

나만의 기록장

[준비물] 학생용 교재 20쪽, 연필이나 색연필

① 잘못을 저질렀던 때를 떠올려 보게 하고, 그때 받았던 벌이나 느꼈던 기분을 적어 보게 한다.

② 하나님께 고백하고 싶은 죄를 그림이나 글로 표현하게 한다.

TIP 솔직한 고백을 위해 흰색 색연필이나 크레파스를 사용하는 것도 좋다.

③ 그림이나 글이 완성되면 "예수님이 나의 죗값을 치르셨어요"라는 글씨를 진하게 따라 쓰게 한다.

᠁ 성경에는 "우리는 우리의 죄 때문에 죽어야 되지만 예수님이 우리를 죄에서 구하시려고 이 세상에 오셨다"라고 쓰여 있어요. 이 소식을 들으니 기분이 어떤가요?

메시지 카드

이번 주 메시지 카드로 부모님과 함께 오늘 배운 성경 이야기를 나누어 보라고 한다.

기도

하나님, 하나님으로부터 멀어진 우리를 위해 아들이신 예수님을 보내 주셔서 감사합니다. 예수님의 이름으로 기도합니다. 아멘.

4

가인과
아벨이
제물을 드렸어요

창 4:1~16, 25~26

본문 속으로

아담과 하와에게 자녀들이 생겼을 때의 기쁨을 상상해 보십시오. 한 명, 한 명 태어날 때마다 하와는 그 아이가 죄의 저주를 끊고 뱀의 머리를 상하게 할 구원자이기를 바랐을지도 모릅니다(창 3:15). 하지만 가인과 아벨이 자라 가면서 아마도 아담과 하와는 죄가 자기 자녀들에게 미친 영향을 탄식 속에서 목도했을 것입니다. 가인은 약속된 구원자가 아니었고, 아벨도 마찬가지였습니다.

가인과 아벨은 장성하자 각각 직업을 가졌습니다. 아벨은 목자가 되어 양 떼를 돌보았고, 가인은 농부가 되어 농사를 지었습니다. 어느 날 그들은 각자 하나님께 제물을 바쳤습니다. 하나님은 아벨의 제물은 받으셨지만, 가인의 제물은 받지 않으셨습니다. 하나님은 가인에게 죄에 대해 경고하시면서, 하나님이 받으시는 제사를 드리려면 어떻게 해야 하는지를 말씀해 주셨습니다.

그 후 가인과 아벨은 들판으로 나갔고, 가인은 아벨을 죽였습니다. 하나님은 가인이 한 짓을 아시고는 그에게 벌을 내리셨습니다. 하나님은 가인이 그 땅을 떠나 세상을 떠도는 자가 되게 하셨습니다. 가인의 죄가 그를 하나님과 사람들로부터 갈라놓았습니다.

얼마 후 하와는 다시 아들을 낳았고, 이름을 셋이라고 지었습니다. 셋도 약속된 구원자는 아니었지만, 예수님은 장차 셋의 자손으로 오시게 됩니다(눅 3:23~38).

● ● 티칭 포인트

아이들을 가르칠 때 죄의 영향이 얼마나 깊은지 깨달을 수 있도록 도와주십시오. 그런 다음, 예수 그리스도 안에 있는 장래에 대한 소망도 함께 강조해 주십시오. 한 세대, 한 세대가 지나갈 때마다 사람들은 이 소망에 기대어 살았습니다. '혹시 이 아이가 구원자일까?' 그리고 그때마다 그들은 죄의 실상을 목도했습니다. 아무도 그들을 구원할 만큼 선하지 않았던 것입니다.

모든 아기는 그들의 부모나 아담과 하와와 마찬가지로 죄인으로 태어났습니다. 그러나 여전히 사람들은 소망했습니다. 때가 되면 하나님이 죄인들을 구원하기 위해 구원자를 보내실 것이라고 말입니다(히 11:13; 갈 4:4). 하나님은 언제나 약속을 지키는 분이시기 때문입니다.

주제

가인의 죄가 그를
하나님과 사람들로부터 갈라놓았어요.

가스펠 링크

예수님은 하나님이 약속하신 하와의
후손이세요. 때가 되면 죽음을 끝내고
죄인을 구원하러 오실 거예요.

가인과 아벨이 제물을 드렸어요 창 4:1~16, 25~26

아담과 하와는 에덴동산을 떠난 후에 가인과 아벨이라는 두 아들을 낳았어요. 아담과 하와가 죄를 지었기 때문에 가인과 아벨도 죄인으로 태어났지요. 아벨은 양을 치는 목자가 되었고, 가인은 채소와 곡식을 기르는 농부가 되었어요.

어느 날 가인은 자신이 기른 농작물을 가져와 하나님께 제물로 드렸어요. 아벨도 자기 양 떼에서 처음 태어난 새끼 양을 하나님께 드렸어요. 하나님은 아벨의 제물은 받으셨지만, 가인의 제물은 받지 않으셨어요.

가인은 너무나 화가 났어요. 하나님은 가인에게 물으셨어요. "왜 그렇게 화가 났느냐? 네가 올바른 일을 했다면 어찌하여 얼굴을 펴지 못하느냐?" 하나님은 가인에게 경고하셨어요. "올바르게 행하지 않으면 죄가 문 앞에 엎드리고 있을 것이다. 죄가 너를 원하나 너는 죄를 다스려야 한다."

그러고 나서 가인은 아벨에게 함께 들판에 가자고 말했어요. 그리고 들판에 있는 동안 가인은 자기 동생 아벨을 죽였어요. 하나님이 가인에게 물으셨어요. "네 동생 아벨이 어디 있느냐?" 그러자 가인은 "모릅니다. 제가 동생을 지키는 사람이라도 됩니까?"라고 대답했어요.

하지만 하나님은 무슨 일이 일어났는지 모두 알고 계셨어요. 하나님이 가인에게 말씀하셨어요. "도대체 무슨 짓을 저질렀느냐?" 하나님은 가인에게 벌을 내리셨어요. 가인이 평생 동안 세상을 떠돌아다니게 될 것이고, 농사를 지으려고 해도 땅이 열매를 내지 않을 것이라고 말씀하셨지요. 가인은 집도 없고, 쉴 곳도 찾지 못하게 될 것이었어요.

가인은 "이 벌은 제게 너무 무겁습니다. 이 땅을 떠나 세상을 떠돌게 된다면 저를 만나는 사람마다 저를 죽이려고 할 것입니다"라고 말했어요. 그러자 하나님은 가인에게 표시를 주셔서 아무도 그를 죽이지 못하게 하셨어요. 그 후 가인은 그 땅을 떠나 에덴동산의 동쪽에 있는 놋이라는 땅에 가서 살게 되었어요.

하나님은 아담과 하와에게 아들을 한 명 더 주셨어요. 그 아이의 이름은 셋이에요. 아담과 하와의 가족은 점점 늘어났어요. 셋은 자라서 에노스라는 아들을 낳았어요. 이때부터 사람들은 여호와의 이름을 부르기 시작했답니다.

● ● 가스펠 링크

하나님은 하와의 후손 중 하나가 죄와 죽음을 끝낼 것이라고 약속하셨어요. 가인은 그 구원자가 아니었어요. 가인은 자기 부모인 아담과 하와처럼 죄인일 뿐이었지요. 그래서 사람들은 하나님이 약속을 반드시 지키실 것이라고 믿으며 살아갔어요. 때가 되면 하나님이 죄인들을 구원하기 위해 아들을 보내실 거예요(히 11:13; 갈 4:4).

가스펠 준비

10~20분

 환영

도착하는 아이들을 반갑게 맞이하고 헌금, 출석, QT 등을 확인하며 격려한다. 편안한 분위기에서 안부를 물으며 오늘의 말씀과 관련된 화제로 이야기를 나눈다. 사랑하는 친구나 가족을 떠나 새로운 도시로 이사를 가게 되면 어떤 기분일지 서로 이야기해 보게 한다. 이사를 가 본 아이가 있다면 그 아이에게 기분을 물어보아도 좋다.

예) "이사를 가 본 적이 있나요?", "친구와 가족과 떨어져 혼자 낯선 곳에 가야 한다면 어떨까요?" 등.

 마음 열기

직업 맞히기 ✶

[준비물] 다양한 직업을 적은 제비

① 아이들을 두 팀으로 나눈 뒤 각 팀에서 한 명씩 나와 제비를 뽑게 한다.

② 제비를 뽑은 아이는 제비에 적힌 직업을 연상할 수 있는 동작을 취해서 팀원들이 알아맞히게 한다.

③ 같은 팀에서 30초 안에 정답을 맞히지 못하면 기회는 상대 팀에게 넘어간다.

④ 정답을 많이 맞힌 팀이 이긴다.

▬▬ 다들 직업을 잘 표현했어요! 오늘 우리는 두 형제에 대해 배우게 될 거예요. 한 사람은 농부였고, 또 한 사람은 목자였지요. 그들은 각자 하나님께 제물을 가져왔어요. 그런데 하나님은 둘 중 한 명의 제물은 받으셨지만, 나머지 한 명의 제물은 받지 않으셨어요. 그 일이 있고 난 후 형제들 중 한 명이 죄를 지었어요. 오늘 이야기를 들으며 좀 더 자세히 배워 보기로 해요.

죄는 멀어지게 해요 ✶

[준비물] 색 테이프

① 아이들을 두 팀으로 나눈 뒤 출발선을 중심으로 가까이에서 마주 보고 세운다.

② 마주 본 아이들끼리 가위바위보를 하게 한다.

③ 진 아이들은 한 발 뒤로 물러서게 한다.

④ 출발선에서 3m 뒤에 색 테이프로 표시해 둔 선을 먼저 넘어선 아이가 게임에서 지게 된다.

▬▬ 가위바위보에서 질 때마다 여러분은 친구들과 점점 멀어졌어요. 마찬가지로 죄는 우리와 하나님 사이를 멀어지게 만든다고 성경은 말하고 있어요. 하지만 그것은 예배실에서 몇 걸음 멀어지는 정도로 눈에 보이는 거리가 아니에요. 성경에 따르면 죄는 우리와 하나님 사이의 올바른 관계를 망쳐 놓아요. 예수님이 계시지 않았다면, 죄는 우리를 하나님으로부터 영원히 갈라놓았을 거예요! 오늘은 가인의 죄가 그를 하나님과 사람들로부터 갈라놓은 이야기를 함께 배워 보기로 해요.

41

가스펠 설교

 15~30분

들어가기

챙이 넓은 모자를 쓰고 쌍안경을 눈에 댄 채 등장한다.

여러분은 저기 저 넓은 세상에 얼마나 대단한 광경이 펼쳐져 있는지 모를 거예요! 이 열기구를 타면 하나님이 처음에 세상을 만드셨을 때의 일들을 한눈에 볼 수 있답니다! 우리는 이미 하나님이 동물들과 바다와 새들을 만드시는 것을 보았어요. 우리는 아담과 하와가 에덴동산에서 엄청난 잘못을 저지르는 것도 보았지요. 아담과 하와의 죄는 그들을 하나님으로부터 갈라놓았고, 에덴동산에서 쫓겨나게 만들었어요. 오늘은 아담과 하와의 자녀들에 대해 배우게 될 거예요. 아담과 하와는 아들 둘을 낳았는데, 그들의 이름은 가인과 아벨이에요. 이런, 제가 너무 앞서갔네요. 일단 우리가 지나온 길을 되짚어 본 다음, 어디로 가야 할지도 살펴봅시다.

연대표

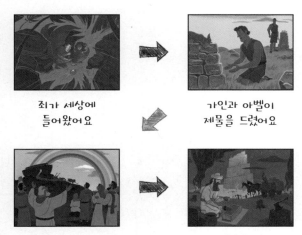

죄가 세상에 들어왔어요 → 가인과 아벨이 제물을 드렸어요

↓

하나님이 노아와 가족을 구해 주셨어요 → 바벨탑을 쌓던 사람들이 흩어졌어요

하나님이 세상을 창조하시기 전의 모습을 기억하나요? 물론 기억이 안 나겠지요! 그곳에 가 보지 않았으니까요. 저도 가 본 적은 없어요. 하지만 그때는 아직 하나님이 빛을 만드시기 전이라 온통 캄캄했다고 해요. 그 후 하나님이 말씀으로 모든 것을 창조하셨어요. 하나님이 "빛이 있으라" 하고 말씀하시니까 빛이 생겼고, 그 빛은 하나님이 보시기에 좋았어요. **하나님은 이 세상 모든 것을 하나님의 영광을 위해 창조하셨어요.**

그러고 난 후 하나님은 사람을 창조하셨어요. 창조 여섯째 날의 일이었지요. 하나님은 다른 창조물들과는 다른 방법으로 사람을 만드셨어요. 훨씬 좋은 방법이었지요! **하나님은 하나님의 형상대로 사람을 창조하셨고, 남자와 여자로 만드셨어요.** 남자의 이름은 아담이고, 여자의 이름은 하와인데, 그들도 하나님이 보시기에 좋았어요.

그 후 뱀이 하와를 찾아왔어요. 뱀은 하와에게 거짓말을 했고, 아담과 하와는 하나님이 먹지 말라고 하신 나무의 열매를 따서 먹었어요. **아담과 하와의 죄가 그들을 하나님으로부터 갈라놓았고,** 그들은 에덴동산을 떠나야 했답니다. 하지만 하나님께는 계획이 있었어요. 하나님은 언젠가 예수님을 보내 사람들의 죄를 없애 주실 거예요. 그래서 예수님을 믿는 모든 사람들이 하나님과 다시 좋은 사이가 되게 해 주실 거예요.

💡 성경의 초점

오늘 우리는 죄와 죄가 세상에 미친 영향에 대해 배우게 될 거예요. **죄가 무엇인가요? 죄는 하나님의 법을 어기는 거예요. 죄는 사람들을 하나님으로부터 갈라놓아요.**

하나님이 예수님을 보내셔서 우리가 하나님과 다시 좋은 사이가 되게 해 주시고, 더 이상 하나님으로부터 멀리 떨어져 있지 않아도 되게 해 주셔서 정말 기뻐요.

📖 성경 이야기

하나님이 모든 것을 창조하셨고, 하나님이 만드신 것들은 다 좋았어요. 그러나 그 후 뱀이 하와를 속여 아담과 하와가 하나님께 죄를 짓게 되었지요. 그 순간부터 죄는 모든 사람의 삶을 힘들게 만들었어요. 오늘 우리는 두 형제의 이야기를 듣게 될 거예요. 한 형제의 죄가 그를 하나님과 사람들로부터 갈라놓았지요. 귀 기울여 들어 보고 그가 누구인지 맞혀 보세요.

🎬 창세기 4장을 펴고, 설교 영상(지도자용 팩)을 보여 주거나 이야기 성경을 들려준다.

누구의 죄가 그 사람을 하나님과 사람들로부터 갈라놓았나요?(가인) 하나님이 제물을 받지 않으시자 가인은 화가 났어요. 그는 동생을 질투했고, 결국 동생을 죽였지요. **가인의 죄가 그를 하나님과 사람들로부터 갈라놓았어요.**

복/습/질/문

1 아담과 하와의 두 아들의 이름은 무엇인가요?

가인과 아벨 (창 4:1~2)

2 가인과 아벨의 직업은 각각 무엇이었나요?

가인은 농부였고, 아벨은 목자였다 (창 4:2)

3 가인과 아벨은 하나님께 무엇을 제물로 가지고 왔나요?

가인은 자신이 기른 농작물을 가져왔고, 아벨은 자신의 양 떼에서 처음 태어난 새끼 양을 가져왔다 (창 4:3~4)

4 하나님은 누구의 제물을 받으셨나요?

아벨 (창 4:4)

5 가인은 아벨을 어떻게 했나요?

들에서 죽였다 (창 4:8)

6 가인은 어떤 벌을 받았나요?

가인의 죄가 그를 하나님과 사람들로부터 갈라놓았다. 그는 평생 땅을 떠돌아다녀야 했고, 농사를 지어도 열매를 얻을 수 없었다 (창 4:12)

7 하나님은 가인이 죄를 지은 후에도 어떤 자비를 베푸셨나요?

가인에게 보호의 표시를 해 주셔서 아무도 그를 죽이지 못하게 하셨다 (창 4:15)

8 **죄가 무엇인가요?**

죄는 하나님의 법을 어기는 거예요. 죄는 사람들을 하나님으로부터 갈라놓아요.

✝ 복음 초청

성경과 35쪽 복음 초청 가이드를 이용해서 아이들에게 그리스도인이 되는 법을 설명해 준다. 따로 상담해 줄 사람을 정해 주고 궁금한 점이 있으면 물어보도록 격려한다.

이 시간 예수님을 마음에 모시고 싶은 친구는 함께 기도해요.

기도

하나님, 죄가 무엇인지 알려 주셔서 감사합니다. **죄는 하나님의 법을 어기는 것**이고, **죄는 사람들을 하나님으로부터 갈라놓는다**는 것을 알게 되었어요. 하나님이 예수님을 보내셔서 예수님을 믿는 사람들이 모두 하나님께로 돌아올 수 있게 해 주셔서 감사해요. 하나님, 우리 죄를 용서해 주세요. 하나님께 돌아갈 수 있게 해 주세요. 예수님의 이름으로 기도합니다. 아멘.

적용

TIP 설교 도입이나 적용으로 활용하거나 영상을 본 뒤 소그룹에서 풍성한 대화를 이어 갈 수 있습니다.

죄에는 결과가 따르는 법이에요. 혹시 들키지 않더라도 말이지요. 죄는 우리를 하나님으로부터 갈라놓아요. 다음 영상을 보고 나서 이 점에 대해 이야기해 보기로 해요.

적용 예화 영상(지도자용 팩)을 보여 준다.

여러분은 어떤 행동이 잘못인 줄 알면서도 하고 싶은 유혹을 받아 본 적이 있나요? 우리를 하나님으로부터 갈라놓으려면 딱 하나만 있으면 되는데, 그것은 바로 죄예요. 성경은 죄에 대한 벌은 죽음이라고 말해요.

제일 먼저 죄를 지은 두 사람은 누구였나요? (아담과 하와) 아담과 하와에게서 죄가 멈추었나요? (아니에요. 모든 사람이 죄를 지어요. 우리도 죄를 짓고 있어요.) 죄의 가장 나쁜 결과는 하나님으로부터 멀어지는 거예요.

하나님은 우리가 예수님을 믿고 용서받게 하시려고 예수님을 보내 십자가에서 죽게 하셨어요. 예수님은 우리를 대신해서 우리의 죗값을 대신 내 주셔서 우리와 하나님의 사이가 다시 좋아지게 해 주셨어요. 이것이 바로 우리가 받을 수 있는 최고의 선물이랍니다. 어떤 행동이 잘못인 줄 알면서도 하고 싶을 때 우리는 어떻게 해야 할까요?

가스펠 소그룹
10~20분

 나침반

포스트잇 암기

[준비물] 1단원 암송 포스터(122쪽), 포스트잇

① 암송 구절을 함께 읽는다.

② 포스트잇으로 한 단어씩 가려 가며 여러 번 더 읽는다.

③ 모든 단어가 가려지고, 아이들이 외울 수 있을 때까지 계속한다.

—— 여러분은 암송 구절인 고린도전서 8장 6절을 다 외운 거예요! 방금 외운 암송 구절이 무슨 뜻인지 자기만의 말로 설명해 볼 사람 있나요? **하나님은 세상의 모든 것을 창조하셔서 하나님의 영광을 나타내셨고,** 우리를 통해서도 하나님의 영광을 나타내셨어요. 모든 것은 예수님에 의해 창조되었고, 예수님을 위해 창조되었어요. 우리는 죄에서 돌이켜 예수님을 믿으면 하나님과 영원히 함께 살 수 있어요. 예수님 외에 다른 것이 우리를 죄에서 구해 줄 것이라고 믿는 것은 소용없는 일이에요. 우리가 용서받게 하시려고 우리의 죗값을 치르신 분은 예수님뿐이세요.

암송 구절 따라 빈칸 채우기

[준비물] 학생용 교재 24쪽, 색연필

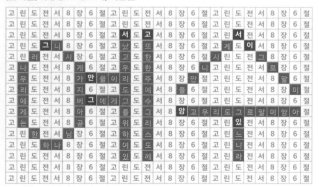

① 다 함께 큰 소리로 암송 구절을 따라 읽으며 글자 칸을 색칠한다.

② 아이들의 글 읽는 속도와 색칠하는 속도가 잘 맞도록 적당히 끊어 읽으면서 끝까지 함께 속도를 맞추도록 조율한다.

③ 순서에 따라 빈칸을 채우면 '예수'라는 글자가 나타난다.

예수님이 우리를 만드셨고, 우리의 죗값을 치르셨어요.

 보물 지도

숨은 퀴즈 찾기

[준비물] 다양한 질문과 답을 각각 적은 메모지 여러 벌, 셀로판테이프

① 메모지 한 장마다 질문 하나씩을 쓴 다음 예배실 곳곳에 숨겨 둔다(43쪽 복습 질문을 활용해도 좋다).

② 일련번호와 정답을 적은 메모지들을 예배실 한쪽 벽에 붙여 둔다.

③ 질문 메모지를 찾으면 맞는 답을 찾아 번호를 적게 한다.

④ 아이들의 수가 많으면, 같은 질문과 답을 2장씩 만들거나 다양한 질문을 만든다.

—— 가인과 아벨은 하나님께 제물을 가져왔어요. 하나님이 왜 가인의 제물을 받지 않으셨는지는 정확하게 알 수 없지만, 한 가지 확실한 사실이 있어요. 그것은 하나님이 아벨의 제물을 받으신 것에 대해 가인이 질투했다는 거예요. 가인은 아벨을 죽였고, 무서운 벌을 받게 되었지요. **가인의 죄가 그를 하나님과 사람들로부터 갈라놓았어요.**

공통 단어 찾기

[준비물] 학생용 교재 24쪽, 연필

① 4과의 주제를 여러 번 읽어 충분히 익힌 후에 빈칸에 알맞은 단어를 적게 한다.

② 빈칸을 채운 뒤 정확히 적었는지 확인하고, 예수님이 우리와 하나님의 갈라진 사이를 다시 회복시켜 주셨음을 강조한다.

> 1. 아담의 죄 가 아담과 하나님 사이를 갈 라 놓았어요.
> 2. 하와의 죄 가 하와와 하나님 사이를 갈 라 놓았어요.
> 3. 가인의 죄 가 가인과 하나님 사이를 갈 라 놓았어요.
> 4. 관계를 다시 회복시키시는 분은 예 수 님 이세요.

 탐험하기

어떻게 하나님을 기쁘시게 할까요?

[준비물] 학생용 교재 25쪽, 연필

① 하나님이 받으시는 제사를 드린 아벨의 이야기를 회상하며 아이들이 미래에 어떤 일에 종사할지 자신의 모습을 생각해 보게 한다.

44

② 다양한 직업을 표현하는 그림들 중 자신이 하나님께 영광을 돌릴 수 있는 물건에 ○표 하도록 한다. 그림 속 도화지에 그리거나 글로 써도 좋다고 말해 준다(청진기, 악기, 돈, 현미경, 자동차, TV, 붓과 도화지 등).

③ ○표 한 물건을 통해 하나님께 어떻게 영광을 돌릴 수 있는지 나누게 한다.

— **하나님은 이 세상 모든 것을 하나님의 영광을 위해 창조하셨어요.** 하나님은 사람들이 하나님이 창조하신 것을 마음껏 누리고 하나님께 감사드릴 수 있도록 하셨지요. 이것이 우리가 하나님께 영광을 돌리는 이유예요. 우리는 하나님이 얼마나 놀라운 분이신지 사람들에게 보여 주는 것으로도 하나님께 영광을 돌릴 수 있어요. 오늘 이야기에서 가인과 아벨은 하나님께 영광을 돌리기 위해서 제물을 드렸어요. 가인은 농부였고, 아벨은 목자였지요. 아벨은 바른 마음으로 하나님께 영광을 돌렸지만, 가인은 그러지 못했어요.

죄 고백하기 *

— 죄를 고백한다는 것은 무슨 뜻일까요? 예수님이 이미 우리의 죗값을 치르셨는데 왜 우리는 죄를 고백해야 할까요? 죄를 고백한다는 것은 우리가 한 일들 중에서 하나님이 기뻐하시지 않는 것들을 하나님께 기도로 말씀드리는 것을 뜻해요. 하나님은 이미 그 죄를 알고 계시지만, 우리가 하나님께 기도드리며 그 죄를 버리고 하나님께로 돌아오기를 바라시니까요.

[준비물] 포스트잇, 연필, 화이트보드

① 아이들에게 포스트잇을 한 장씩 나누어 준다.

② 자신의 죄를 포스트잇의 끈끈한 부분 아래에 글로 쓰거나 그림으로 그리고 화이트보드 한쪽에 붙이도록 한다.

③ 아무도 자신이 쓴 내용을 볼 수 없다고 안심시킨다.

④ 화이트보드에 십자가를 그린 뒤 모든 포스트잇을 십자가 안쪽으로 옮겨 붙인다.

⑤ 예수님이 십자가에서 우리 대신 모든 벌을 받으셨다고 설명한 다

음, 포스트잇을 떼어 찢은 후 버린다.

⑥ 예수님이 우리의 죗값을 대신 내주셨으므로 우리는 더 이상 죗값을 치를 필요가 없다고 말한다.

— **가인의 죄가 그를 하나님과 사람들로부터 갈라놓았어요.** 우리의 죄도 우리를 하나님으로부터 갈라놓아요. 하지만 예수님을 통해서 우리는 다시 하나님과 좋은 사이가 되었어요.

 보물 상자

나만의 기록장

[준비물] 학생용 교재 26쪽, 연필이나 색연필

— 하나님은 우리가 하나님께 가장 좋은 것을 드리기 바라세요. 우리 삶의 모든 영광은 하나님이 받으셔야 해요. 이것은 우리가 살아가는 모습을 통해서 하나님이 얼마나 놀라운 분이신지를 나타내고, 우리가 하나님께 얼마나 감사드리는지가 드러나야 한다는 뜻이에요.

① 하나님께 영광을 돌리기 위해 무엇을 드릴 수 있을지 그림으로 그려 보게 한다.

② 글을 쓸 수 있다면 하나님께 영광을 돌릴 수 있는 방법을 목록으로 작성해 보게 해도 좋다.

— 가인과 아벨은 하나님께 제물을 가져왔어요. 우리도 우리가 가진 것 중에서 가장 좋은 것을 하나님께 제물로 드리고, 우리의 삶으로 하나님께 영광을 돌릴 수 있어요. 하나님은 우리가 잘하는 것들과 우리가 가진 것들을 사용해 하나님의 위대하심을 보여 주실 수 있으세요.

메시지 카드

이번 주 메시지 카드로 부모님과 함께 오늘 배운 성경 이야기를 나누어 보라고 한다.

기도

참 좋은 것으로 우리를 넉넉하게 채워 주시는 하나님, 우리가 늘 하나님께 감사드리고 찬양하기를 원합니다. 예수님의 이름으로 기도합니다. 아멘.

5

하나님이 노아와 가족을 구해 주셨어요

창 6:5~9:17

아담의 아들 셋은 912년을 살았습니다. 사람들의 죄에도 불구하고 하나님은 그들이 대를 이어 가며 살도록 도와주셨습니다. 셋의 9대손인 노아는 셋이 죽은 지 20년이 안 되어 태어났습니다. 대를 거듭할수록 땅에는 사람들이 늘어났습니다.

노아의 시대가 되자(아담으로부터 10대 후) 사람들은 더 이상 하나님을 따르지 않았습니다. 사실 성경은 이 상황을 한탄하며 기술하고 있습니다. "사람의 죄악이 세상에 가득함과 그의 마음으로 생각하는 모든 계획이 항상 악할 뿐임을…"(창 6:5).

하나님이 이 죄를 벌하신 것은 옳은 일이었습니다. 하나님은 홍수를 통해 이 땅을 깨끗하게 하기로 결심하셨습니다. 물이 온 땅을 덮을 것이고, 모든 것을 파괴할 것이었습니다. 그러나 하나님은 은혜롭게도 한 사람과 그의 가족을 구해 주기로 하셨습니다. 그가 바로 노아입니다. 하나님은 노아에게 홍수에 대해 경고하시며 방주를 지으라고 말씀하셨습니다.

노아는 다가오는 심판에 대한 하나님의 경고를 믿었습니다. 그는 말씀에 순종해 자신과 가족과 동물들을 구원할 방주를 열심히 만들었습니다. 하지만 그 일은 오랜 시간이 걸렸고, 아마도 노아는 그의 친구나 이웃들에게 조롱을 받았을 것입니다. "노아가 미친 것일까? 물도 없는 곳에 배를 짓다니!"

방주가 완성되자 하나님의 심판이 임했습니다. 홍수가 온 땅을 덮었습니다. 노아와 그의 가족은 방주 안에 안전하게 거했습니다. 하나님은 노아의 가족을 구하셨습니다. 하나님의 아들이 태어나시게 될 바로 그 가족 말입니다.

예수님도 다가오는 하나님의 심판에 대해 경고하실 것입니다. 하지만 예수님은 세상을 비난하시는 대신 죄인들을 구하기 위해 자기 생명을 바치실 것입니다. 하나님의 은혜가 없이는, 우리가 하는 모든 생각은 항상 악할 뿐입니다. 우리의 사악함은 널리 퍼졌고, 하나님이 우리를 지금 당장 멸하신다고 해도 할 말이 없습니다. 그런 우리를 위해 구원자를 예비하셨으니, 이 얼마나 큰 은혜입니까!

주 제

하나님은 거룩하시고, 죄를 벌하세요.

가스펠 링크

하나님의 아들 예수님이 우리 대신 벌을 받기 위해 오셨다는 것을 믿으면 우리는 노아가 구원받은 것처럼 우리가 지은 죄의 벌에서 구원받아요.

●● 티칭 포인트

아이들을 가르치기 전에, 아이들에게 복음을 명확하게 전달하게 해 달라고 주님께 도움을 구하십시오. 성령 하나님이 인도하셔서 아이들이 죄에 대한 하나님의 분노에서 우리를 구하시는 예수님을 영접하게 해 달라고 기도하십시오. 또한 아이들에게 끊임없는 사람들의 죄에도 불구하고 하나님은 은혜를 베푸시는 분임을 알려 주십시오.

노아의 계보
아담(930세)
셋(912세)
에노스(905세)
게난(910세)
마할랄렐(895세)
야렛(962세)
에녹(365세)
므두셀라(969세)
라멕(777세)
노아(950세)
셈(600세)

하나님이 노아와 가족을 구해 주셨어요 창 6:5~9:17

하나님은 세상에 있는 모든 사람을 살펴보셨어요. 사람들은 모두 죄를 짓고 있었지요. 하나님은 모든 사람의 마음이 악한 것을 보시고 사람을 만든 것을 후회하시며 슬퍼하셨어요. 하나님은 사람들이 하나님과 사이좋게 지내기를 바라셨지만, 사람들은 하나님에 대해 알려고도, 순종하려고도 하지 않았어요. 하나님은 사람들의 죄로 인해 그들에게 벌을 내리셔야 했지요.

그러나 하나님은 노아에게 은혜를 베푸셨어요. 노아는 아담과 하와의 아들인 셋의 자손으로, 하나님을 따르는 의로운 사람이었어요. 하나님은 노아에게 홍수로 땅 위의 모든 생물을 쓸어버릴 것이라고 경고하시며 방주를 만들라고 말씀하셨어요. 하나님은 노아와 언약을 맺을 것이라고 말씀하셨어요. 노아는 하나님이 명령하신 대로 했어요.

방주가 완성되자, 하나님은 노아에게 가족과 동물들을 데리고 방주 안으로 들어가라고 하셨어요. 하나님은 40일 동안 밤낮으로 비가 내릴 것이라고 말씀하셨어요. 노아는 하나님의 말씀대로 했어요. 노아가 가족과 동물들을 방주에 태우자, 하나님은 방주의 문을 닫으셨어요. 홍수가 땅을 덮었을 때 노아는 600살이었어요. 홍수가 땅을 덮자 방주가 물 위로 떠올랐어요. 물은 점점 불어나서 산들도 모두 물에 잠기게 되었어요. 땅 위에 있던 모든 생물이 죽었어요. 방주에 있던 노아의 가족과 동물들만 살아남았지요.

마침내 비가 그쳤고, 물이 줄어들기 시작했어요. 땅이 모습을 드러냈고, 방주는 어떤 산 위에서 멈추었어요. 노아는 기다렸다가 방주의 창문을 열고 비둘기 한 마리를 내보냈지만 비둘기는 앉을 곳을 찾지 못하고 돌아왔어요. 물이 여전히 온 땅을 덮고 있었기 때문이에요. 노아가 조금 더 기다렸다가 다시 비둘기를 내보내자 이번에는 올리브나무 잎사귀를 물고 돌아왔어요. 비둘기가 마른 땅을 찾은 거예요. 노아는 또 기다렸다가 비둘기를 다시 날려보냈어요. 이번에는 비둘기가 돌아오지 않았어요. 땅이 마르자, 하나님은 노아에게 모든 가족과 동물들을 데리고 방주에서 나오라고 하셨어요. 방주에서 나온 후 노아는 제단을 쌓고 하나님께 제사를 드렸어요. 하나님은 노아의 제사를 기쁘게 받으셨고, 다시는 물로 세상을 심판하지 않겠다고 약속하셨어요.

하나님은 노아와 그의 가족에게 온 땅으로 퍼져 나가 사람으로 세상을 가득 채우라고 말씀하셨어요. 하나님은 노아와 맺은 언약을 기념하는 특별한 표시를 주셨어요. 하나님은 하늘에 무지개를 두셔서, 노아와 그의 자손이 무지개를 볼 때마다 하나님이 땅 위의 모든 생물과 맺으신 언약을 기억하신다는 것을 알게 하셨어요.

●● 가스펠 링크

하나님은 노아와 그의 가족을 홍수에서 구하셨어요. 노아의 가족만이 살아남았어요. 이 사건은 장차 일어날 큰 구원 사건에 대한 예표가 된답니다. 하나님의 아들 예수님(유일하게 완벽하고 의로우신 분)이 우리 대신 벌을 받기 위해 오셨어요. 예수님을 믿으면 우리는 우리가 지은 죄의 벌에서 구원받을 수 있어요. 예수님은 우리를 살리기 위해 죽으셨어요.

가스펠 준비

 환영

도착하는 아이들을 반갑게 맞이하고 헌금, 출석, QT 등을 확인하며 격려한다. 편안한 분위기에서 안부를 물으며 오늘의 말씀과 관련된 화제로 이야기를 나눈다. 자발적으로 대화에 참여하도록 이끈다. 학생용 교재의 성경 이야기 그림을 색칠하며 오늘의 이야기를 기대하게 하는 것도 좋다.

예) "《피노키오》 동화를 읽어 보았나요?", "피노키오가 거짓말을 할 때마다 피노키오를 만든 제페토 할아버지는 어떤 마음이 들었을까요?" 등.

 마음 열기

애완동물 그리기 *

[준비물] 종이, 색연필

① 아이들에게 종이와 색연필을 나누어 준다.

② 갖고 싶은 애완동물을 그려 보게 한다.

━━━ 오늘 우리는 노아가 하나님의 말씀에 순종해 방주라고 불리는 큰 배에 올라탄 이야기를 듣게 될 거예요. 이 이야기를 들어 본 사람 있나요? 오늘은 왜 이 일이 일어났는지 배우게 될 거예요.

방주에서 살아남기 *

[준비물] 신문지

① 아이들을 조별로 나눈 뒤 신문지를 한 장씩 준다.

② 처음에는 신문지를 넓게 펴고 모든 아이가 그 위에 발을 딛고 서게 한다.

③ 신문지를 반으로 접은 뒤 반복한다.

④ 여러 번 반복하면서 점점 작아지는 신문지 위에 가장 오랫동안 살아남은 팀이 승리한다.

━━━ 오늘 우리는 커다란 배를 만든 노아라는 사람에 대한 이야기를 살펴볼 거예요. 우리가 딛고 선 신문지는 매우 좁고 작아서 친구들이 한 번에 다 들어가기 어려웠지만 노아가 만든 방주는 수많은 동물이 타기에 전혀 부족하지 않았답니

다. 여러 동물들이 방주를 타야만 했던 이유가 무엇인지 노아의 이야기를 들으며 한번 찾아볼까요?

짝 맞추어 방주에 들어가기 *

① 아이들을 두 팀으로 나누고 가위바위보로 공격과 수비의 순서를 정한다.

② 수비 팀은 바깥쪽을 바라보며 옆 친구의 손을 잡아 큰 원(방주)을 만들고 정해진 시간 동안 경쾌한 찬양에 맞추어 천천히 움직인다.

③ 공격 팀은 둘씩 짝을 지어 수비 팀이 만든 원 안으로 들어가야 한다(짝이 함께 진입하지 못한 경우는 무효).

④ 수비 팀은 옆 사람과 맞잡은 팔을 위아래로 움직이며 공격 팀의 진입을 방해한다.

⑤ 정해진 시간이 경과하면 공격과 수비를 바꾸어 게임을 진행하며, 원 안에 진입한 숫자가 많은 팀이 승리한다.

가스펠 설교

15~30분

 들어가기

쌍안경을 눈에 댄 채 들어온다.

세상에, 저 경치 좀 보세요! 여러분, 혹시 열기구를 타 본 적 있나요? 바로 지금이 비행을 하기에 완벽한 날씨인데 일기 예보를 보니 곧 비가 온다고 하더라고요. 아무래도 출발을 하루 미루어야겠어요. 하지만 그렇다고 해서 오늘을 지루하게 보낼 수는 없겠지요? 그렇다면 성경 이야기를 함께 들어 보는 것은 어떨까요?

 연대표

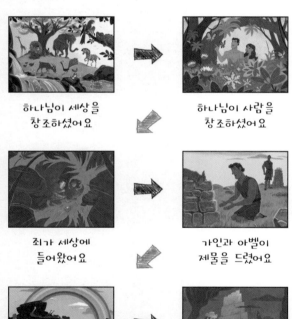

하나님이 세상을 창조하셨어요

하나님이 사람을 창조하셨어요

죄가 세상에 들어왔어요

가인과 아벨이 제물을 드렸어요

하나님이 노아와 가족을 구해 주셨어요

바벨탑을 쌓던 사람들이 흩어졌어요

그동안 우리가 배웠던 것들이 기억나나요? 연대표를 보면서 한번 훑어보기로 해요. 먼저, 하나님이 이 세상의 모든 것을 창조하셨어요. **하나님은 이 세상 모든 것을 하나님의 영광을 위해 창조하셨어요.** 하나님은 사람도 창조하셨어요. 하

나님은 하나님의 형상대로 사람을 창조하셨고, 남자와 여자로 만드셨어요.

그런데 하나님이 창조하신 사람이 죄를 지었어요. **아담과 하와의 죄가 그들을 하나님으로부터 갈라놓았어요. 그리고 가인의 죄가 그를 하나님과 사람들로부터 갈라놓았어요.** 오늘 우리가 들을 이야기는 하나님이 이 세상과 사람들의 생각이 죄로 가득한 것을 발견하신 때에 관한 것이랍니다.

 성경의 초점

지난 시간에 배운 '성경의 초점'을 기억해 볼까요? **죄가 무엇인가요? 죄는 하나님의 법을 어기는 거예요. 죄는 사람들을 하나님으로부터 갈라놓아요.** 죄와 죄의 결과에 대해서 오늘 좀 더 배워 보기로 해요.

 성경 이야기

죄가 세상에 들어오기 전에는 모든 것이 정상이었고, 좋았어요. 아담과 하와는 하나님이 만드신 동산에서 살았고, 하나님은 그들이 살아가는 데 필요한 모든 것을 주셨어요. 하나님은 그들과 함께 동산을 거닐기도 하셨어요. 그런데 뱀이 찾아와 하와를 속였어요. 아담과 하와는 하나님이 먹지 말라고 하신 열매를 먹었기 때문에 죄를 지었어요. 그 순간부터 죄는 우리 각자의 삶의 일부가 되었답니다.

오늘 이야기는 아담과 하와, 가인과 아벨 이후 많은 세월이 지난 뒤의 일이에요. 그때 이 땅은 사람들로 가득 찼어요. 하나님이 사람들을 보셨는데, 그들의 생각이 모두 악한 거예요. 하나님은 사람을 만든 것을 슬퍼하셨어요. 어떤 일이 일어났는지 한번 볼까요?

창세기 6~9장을 펴고, 설교 영상(지도자용 팩)을 보여 주거나 이야기 성경을 들려준다.

하나님은 모든 사람의 죄를 보셨어요. 성경은 죄의 벌이 죽음이라고 말하고 있지요(롬 3:23). **하나님은 거룩하시고, 죄를 벌하세요.** 그런데 모든 사람은 죄를 지어요. 노아와 그의 가족이 죄가 없어서 하나님이 그들에게 자비를 베푸신 것은 아니에요. 그것은 노아가 하나님을 믿었기 때문이었어요. 우

리는 모두 잘못을 저질러요. 하지만 우리가 우리의 죄를 회개하고 예수님을 믿으면, 하나님은 우리에게 자비를 베풀어 주세요! 예수님을 믿는 사람은 모두 구원을 받고 예수님과 함께 영원히 살게 된답니다!

복/습/질/문

1️⃣ 하나님은 이 땅을 어떻게 멸망시키실 계획이었나요?

　　홍수를 일으키셔서 (창 6:17)

2️⃣ 하나님은 노아에게 방주에 무엇을 실으라고 말씀하셨나요?

　　노아의 가족과 양식, 생물들 (창 6:18~21)

3️⃣ 얼마나 오랫동안 비가 내렸나요?

　　40일 동안 밤낮으로 (창 7:4)

4️⃣ 하나님이 다시는 땅을 홍수로 멸망시키지 않겠다는 표시로 노아에게 주신 것은 무엇인가요?

　　무지개 (창 9:13~17)

5️⃣ **죄가 무엇인가요?**

　　죄는 하나님의 법을 어기는 거에요. 죄는 사람들을 하나님으로부터 갈라놓아요.

하나님은 노아에게 자비를 베푸셔서 노아를 구하셨어요. 노아가 하나님을 믿었기 때문이지요. 이 이야기는 우리에게 하나님이 예수님을 통해 베푸실 더 큰 구원을 생각나게 해요. **하나님은 거룩하시고, 죄를 벌하세요. 죄는 사람들을 하나님으로부터 갈라놓아요.** 사람들이 죄를 없애기 위해 자신의 노력으로 할 수 있는 일은 아무것도 없답니다. 십자가에서 죽으시고 3일 뒤에 살아나셔서 우리 죄의 벌을 대신 받으신 예수님만이 우리의 유일하고 완전한 구원자세요. 예수님을 믿음으로써 우리는 우리 죄의 결과로 마땅히 받아야 할 벌에서 구원받을 수 있어요. 예수님은 우리를 살리기 위해 죽으시고 부활하신 거예요.

✝ 복음 초청

성경과 35쪽 복음 초청 가이드를 이용해서 아이들에게 그리스도인이 되는 법을 설명해 준다. 따로 상담해 줄 사람을 정해 주고 궁금한 점이 있으면 물어보도록 격려한다.

이 시간 예수님을 마음에 모시고 싶은 친구는 함께 기도해요.

기도

우리가 잘못할 때도 오래 참아 주시고 용서해 주시는 하나님, 이 시간 우리의 죄를 용서해 주세요. 사랑의 예수님, 우리 마음에 찾아와 주세요. 하나님의 말씀에 순종하기가 쉽지 않아요. 우리를 도와주세요. 비록 어렵고 힘들더라도 하나님께 순종할 수 있게 도와주세요. 예수님의 이름으로 기도합니다. 아멘.

적용

🅣🅘🅟 설교 도입이나 적용으로 활용하거나 영상을 본 뒤 소그룹에서 풍성한 대화를 이어 갈 수 있습니다.

하나님은 노아를 구해 주심으로 노아에게 자비를 베푸셨어요. 하나님의 자비를 얻기 위해 노아가 할 수 있는 일은 아무것도 없었답니다. 다음 영상을 본 다음, 에밀리아노가 어떻게 하는 것이 좋을지 함께 생각해 보기로 해요.

📀 적용 예화 영상(지도자용 팩)을 보여 준다.

에밀리아노는 어떻게 하는 것이 좋을까요? 과연 숟가락으로 노를 저어 멀리 갈 수 있을까요? 에밀리아노가 자신을 구하기 위해 할 수 있는 일이 있나요? 아마도 믿을 수 있는 사람에게 도움을 구하는 것이 가장 현명한 일일 거예요.

이것은 오늘 우리가 배운 이야기와 어떤 관련이 있나요? 노아는 하나님을 믿었어요. 노아는 바로 이 믿음 때문에 의롭다고 인정받았어요! 하나님은 노아에게 자비를 베푸셔서 그를 홍수에서 구해 주셨어요. 홍수가 일었을 때 노아가 600살이었다는 사실을 알고 있나요? 어떤 성경학자들은 홍수 이전에는 땅에 비가 한 번도 안 내렸을 것이라고 생각하기도 한대요 (창 2:5~6). 노아는 앞으로 무슨 일이 일어날지 짐작조차 하지 못했어요. 그럼에도 그는 하나님의 명령대로 방주를 지었어요(히 11:7). 하나님은 큰 자비를 베푸셔서, 다른 사람들은 피할 수 없었던 벌에서 노아를 구하셨어요!

가스펠 소그룹

10~20분

나침반

박자에 맞추어 암송 단어 이어 가기

① 둥글게 앉아 왼 손바닥을 위로 향하게 한 뒤 무릎 위에 올려놓 게 한다.

② "하나, 둘!" 박자에 맞추어 먼저 오른손으로 자기 왼 손바닥을 치고, 이어서 오른쪽에 앉은 친구의 왼 손바닥을 치는 연습을 시킨다.

③ 자기 왼 손바닥을 칠 때 암송 단어를 하나씩 말하게 하고 옆 사람 이 이어 가게 한다.

— 여러분, 모두 굉장히 잘했어요. 우리에게는 하나님 아 버지 한 분만 계시지요. **하나님은 거룩하시고, 죄를 벌하세 요.** 하나님은 또한 자비로우시기 때문에 예수님을 보내셔서 우리가 받을 벌을 대신 받게 하셨어요. 예수님은 십자가에서 죽으시고 다시 살아나셔서, 우리가 영원한 생명을 얻고 하나 님과 바른 관계를 맺도록 해 주셨답니다.

보물 지도

나의 사랑하는 성경

[준비물] 학생용 교재 30쪽, 연필

1. 성경은 구 약 과 신 약 으로 나뉘어요.
2. 구약의 맨 처음 책은 창 세 기 예요.
3. 창세기는 약자로 창 이라 표시해요.
4. 창세기는 한자로 '創世記'라고 쓰는데
   '처음으로 세 상 을 만든 기록'이라는 뜻이에요.
   創: 시작할 창 / 世: 세상 세 / 記: 기록할 기
5. 창세기 6장 5절을 찾으려면
   ① 성경의 구 약에서
   ② 맨 처음 나오는 창 세 기 를 찾고
   ③ 큰 숫자 6 을 찾고,
   ④ 작은 숫자 5 를 찾으세요.

① [보기]에서 알맞은 답을 찾아 빈칸에 쓰게 한다.

② 아이들이 성경에서 창세기를 찾도록 도와준다. 창세기는 '성경의 맨 처음에 나오는 책'이라고 말해 준다.

③ 성경에 크게 인쇄되어 있는 숫자는 '장'을 의미하고, 작은 숫자는 '절'을 의미한다는 것을 알려 준다.

④ 6장 5절을 찾을 수 있도록 도와준다.

⑤ 아이들에게 손가락을 성경 구절 위에 올려놓으라고 말한다. 이 구 절을 큰 소리로 읽어 준다.

1 땅에 죄가 가득한 것을 보신 하나님은 어떻게 하셨나요?
홍수를 보내 땅을 멸망시키셨다 (창 6:17, 7:11~12)

2 죄가 무엇인가요?
죄는 하나님의 법을 어기는 거예요. 죄는 사람들을 하나님으로부 터 갈라놓아요.

3 하나님은 노아를 어떻게 생각하셨나요?
의로운 사람, 노아는 하나님께 은혜를 입었다 (창 6:8~9)

4 하나님은 노아와 그의 가족을 어떻게 구하셨나요?
하나님은 노아에게 방주를 만들게 하셨고, 적절한 때에 그 안으로 들어가라고 하셨다 (창 6:14~16, 7:1~5)

5 노아와 방주 이야기는 어떻게 끝나요?
하나님은 다시는 땅을 홍수로 멸망시키지 않겠다는 약속의 표시 로 하늘에 무지개를 두셨다 (창 9:12~16)

6 하나님은 우리를 죄에서 구하기 위해 무엇을 예비해 주셨나요?
하나님은 우리가 용서받게 하시려고 예수님을 보내셔서 십자가에서 우리의 죗값을 치르게 하셨다 (롬 4:25)

— **하나님은 거룩하시고, 죄를 벌하세요.** 하나님이 죄를 벌하시는 것은 옳은 일인데도, 하나님은 자비하셔서 하나님 의 아들 예수님을 보내 우리를 죄에서 구하셨어요.

탐험하기

방주 미로

[준비물] 학생용 교재 31쪽, 연필

① 방주로 들어가는 미로를 완성하게 한다.

② 미로를 따라 가며 글자를 모아 "하나님이 노아와 가족을 구해 주셨어요"라는 완성된 문장을 적어보게 한다.

━━ 노아는 말씀을 따라 방주를 지었어요. 노아가 하나님의 말씀을 믿고 순종했을 때 하나님은 노아를 홍수 심판으로부터 구해 주셨어요. 우리도 우리의 죄로 인해서 심판받을 수밖에 없지만 하나님의 말씀을 따라 예수 그리스도를 믿으면 심판으로부터 구원받을 수 있어요.

동물 짝 찾기 기억 게임

[준비물] 학생용 교재 83쪽 동물 카드, 가위, 풀

① 2~3명이 한 팀이 되도록 팀을 나누고 학생용 교재 83쪽의 동물 카드를 오리게 한다.

TIP 인원수에 따라 카드를 몇 벌 사용할지 결정한다. 2~3명당 한 벌 정도가 적당하다.

② 카드를 섞은 뒤 뒤집어서 바닥에 정렬해 펼쳐 놓는다.

③ 카드에는 각 동물의 암수 그림이 그려져 있다. 한 번에 2장씩 뒤집어 암수 짝을 맞추게 한다.

④ 짝을 맞추는 데 실패하면 다시 카드를 덮고, 성공하면 가져간다.

⑤ 전체 짝을 맞추면 활동이 완료된다.

⑥ 차례대로 돌아가며 카드를 뒤집어 많이 맞춘 사람이 승리하거나, 한 명씩 돌아가면서 가장 짧은 시간에 전체 짝을 맞춘 사람이 승리하는 것으로 규칙을 정한다.

━━ **하나님은 거룩하시고, 죄를 벌하세요.** 하나님은 노아에게 동물들을 짝을 지어 방주에 태우라고 하셨어요. 은혜로우신 하나님은 노아와 그의 가족을 홍수에서 구해 주셨어요.

'만약에' 책 – 너라면 어떻게 하겠니? *

[준비물] A4 용지(인원수), 연필

① 종이를 접거나 잘라 묶어서 책 모양을 만든다.

② 책장을 넘기며 여러 갈등 상황에서의 선택을 묻는 내용을 그림이나 글로 표현한다.

　예) 길을 걷다가 무거운 짐을 지고 가시는 할머니를 만났을 때, 실수로 유리창을 깼는데 주변에 아무도 없을 때, 꼭 갖고 싶었던 캐릭터 카드를 친구 책상에서 발견했을 때, 애써 완성한 숙제를 동생이 망가뜨렸을 때 등.

③ '만약에'라고 표지를 꾸민다.

④ 친구와 함께 책장을 넘기며 "만약에 너라면 어떻게 하겠니?"라고

묻고 서로의 생각을 나누어 보게 한다.

━━ 우리는 항상 죄의 유혹을 받아요. 죄를 짓기도 하지요. **하나님은 거룩하시고, 죄를 벌하세요.** 죄를 지은 사람은 무서운 심판을 피할 수 없어요. 하지만 사랑의 하나님은 예수님을 보내 주셔서 우리가 구원받을 수 있는 길을 열어 주셨어요.

 ## 보물 상자

나만의 기록장

[준비물] 학생용 교재 32쪽, 연필이나 색연필

우리가 지은 죄 때문에 마땅히 받아야 할 죄를 예수님이 대신 받으려고 오셨다는 사실을 떠올리며 예수님을 생각해 보게 한다. 우리가 예수님을 믿을 때 그분은 우리의 구원자가 되신다. 글을 쓸 수 있다면 우리의 구원자가 되신 예수님께 감사의 편지를 쓰게 해도 좋다.

━━ 하나님은 노아와 그의 가족에게 구원을 예비하셨어요. 노아는 완전한 사람은 아니었지만, 하나님을 따르는 사람이었어요. **하나님은 선하시고, 죄를 벌하시지만,** 노아에게는 큰 자비를 베풀어 주셨지요. 하나님은 예수님을 통해 우리에게 가장 큰 자비를 베푸신답니다.

메시지 카드

이번 주 메시지 카드로 부모님과 함께 오늘 배운 성경 이야기를 나누어 보라고 한다.

기도

거룩하신 하나님, 죄를 지은 사람들에게 자비를 베풀어 주셔서 감사합니다. 하나님이 예수님을 통해 우리에게 베푸신 큰 자비를 항상 기억하게 해 주세요. 우리가 하나님을 따르는 사람이라는 것과 하나님을 위해 구별된 삶을 살아가는 사람이라는 것을 보여 주며 살게 도와주세요. 예수님의 이름으로 기도합니다. 아멘.

6

바벨탑을 쌓던 사람들이 흩어졌어요

창 11:1~9

단원 암송

그러나 우리에게는 한 하나님 곧 아버지가 계시니 만물이 그에게서 났고 우리도 그를 위하여 있고 또한 한 주 예수 그리스도께서 계시니 만물이 그로 말미암고 우리도 그로 말미암아 있느니라(고전 8:6).

성경의 초점

하나님은 왜 세상을 창조하셨나요? 하나님은 이 세상 모든 것을 하나님의 영광을 위해 창조하셨어요.

본문 속으로

홍수 이후, 하나님은 새롭게 출발하기 원하셨습니다. 창세기 9장 1절에서 하나님은 노아에게 "자녀를 많이 낳고 번성해 땅을 채워라"라고 명령하셨습니다. 이 명령은 창세기 1장 28절에서 아담과 하와에게 하신 명령을 그대로 되풀이하신 것입니다. 하나님은 에덴동산과 같은 낙원이 온 세상에 퍼져 나가기를 원하셨지만, 죄 많은 인간들에게는 다른 욕망이 있었습니다.

창세기 10장은 홍수 후에 땅 위로 퍼져 나간 나라들을 설명하고 있습니다(창 10:32). 사람들은 동쪽으로 이동하며 골짜기에 정착했습니다. 이 이야기는 하나님께 불순종하고, 죄를 선택하는 과정을 되풀이함으로써 우리에게는 구원자가 필요하다는 사실을 계속해서 깨우쳐 줍니다.

창세기 11장 2절을 보면, 사람들은 하나님의 명령대로 땅을 채우는 대신 도시를 건설하고, 하늘까지 닿는 높은 탑을 쌓을 계획을 생각해 냈습니다. 창세기 11장 4절을 보면, 사람들의 동기는 명확했습니다. "우리의 이름을 널리 알리자." 사람들은 흩어지기를 원하지 않았습니다. 그들은 하나님께 순종하면 하나님이 그들에게 좋은 것을 주실 것이라고 믿지 않았습니다. 오히려 자신들이 생각하기에 좋은 것을 자신들의 힘으로 얻고 싶어 했습니다.

사람들은 꼭대기가 하늘에 닿는 탑을 세우려고 노력했으나, 자신들을 하나님과 서로에게서 갈라놓는 데만 성공했을 뿐입니다. 하나님은 언어를 혼란스럽게 하셔서 그들을 온 땅으로 흩어 버리셨습니다. 그들은 도시 건축을 마치지 못했고, 그 도시의 이름은 '바벨'(히브리어의 '혼란'과 유사한 발음)이 되었습니다. 하나님이 그곳에서 사람들의 언어를 혼란스럽게 하셨기 때문입니다.

● ● 티칭 포인트

사람들의 계획보다 훨씬 나은 하나님의 계획이 있다는 것을 아이들에게 가르쳐 줄 기회가 찾아왔습니다. 하나님의 계획은 사람들을 하나님께로 올라오게 하는 것이 아니라, 하나님이 사람들에게 내려가시는 것이었습니다. 하나님의 아들이신 예수님을 보내서서 우리가 살 수 없는 완전한 삶을 살게 하시고, 우리의 죄의 결과인 죽음을 대신 감당하게 하시는 것이었습니다. 그것이 복음입니다. 아이들이 마음을 열고 복음을 받아들일 수 있도록 기도하십시오.

주 제

하나님은 오직 하나님께만 영광을 돌리게 하시려고 사람을 창조하셨어요.

가스펠 링크

하나님은 교만한 사람들의 말을 혼란스럽게 하시고 온 땅에 흩으셨어요. 예수님이 하나님의 백성을 다시 모으실 때 그들이 하나님께 예배드릴 거예요.

바벨탑을 쌓던 사람들이 흩어졌어요 창 11:1~9

대홍수 사건이 지난 후에, 하나님은 노아와 그의 아들들에게 자녀를 많이 낳아 땅을 채우라고 말씀하셨어요. 노아의 아들들은 결혼해 자녀를 낳았어요. 노아의 자손은 점점 많아졌고, 사람들은 땅을 여기저기 다니기 시작했지요. 그 당시 사람들은 모두 같은 말을 사용하고 있었어요. 그래서 뜻이 서로 잘 통했지요.

어느 날 사람들은 한 골짜기를 지나게 되었어요. 사람들은 그곳이 마음에 들어 거기에서 살기로 했어요. 사람들은 말했어요. "여기저기 흩어져서 사는 것은 싫어. 도시를 건설하고 하늘까지 닿는 큰 탑을 쌓자! 그 탑이 우리를 유명하게 만들어 줄 거야!"

사람들은 하나님의 말씀에 순종하지 않았어요. 그들은 하나님만큼 높아지고 싶었어요. 그들은 "하나님이 얼마나 위대하신지 보라"라는 말 대신 "우리가 얼마나 위대한지 보라"라고 말했어요. 하나님께 영광을 돌리는 것이 아니라 자신들이 영광을 받기 원했던 거예요. 하지만 하나님은 누구보다 위대한 분이세요. 하나님은 사람들이 오직 하나님께만 영광을 돌리기 원하셨어요.

사람들은 진흙으로 벽돌을 만들어 불에 단단하게 구웠어요. 그리고 그 벽돌로 탑을 쌓기 시작했어요. 하나님은 탑을 보고 말씀하셨어요. "사람들이 이러한 일을 시작했다면, 앞으로는 더 많은 나쁜 일들을 생각해 낼 것이다. 그들이 하려는 일을 막아야 한다." 그래서 하나님은 사람들의 말을 뒤섞어 버리셨어요. 사람들은 더 이상 같은 말을 사용하는 것이 아니라 다른 말을 하게 되었어요. 사람들은 계획을 세우려고 해도 다른 사람들이 하는 말을 알아들을 수가 없었어요. 한 사람이 "벽돌 하나 더 줘"라고 말을 해도 그가 무엇을 원하는지 아무도 몰랐어요.

사람들은 도시를 건설하는 일을 멈출 수밖에 없었어요. 사람들은 흩어져 서로 말이 통하는 사람들끼리 모여 살게 되었어요. 홍수 후에 하나님이 사람들에게 말씀하신 대로 살게 하려고 하나님이 그렇게 만드신 거예요. 사람들은 온 세계로 흩어졌어요. 완성되지 못한 탑이 남겨진 그 도시는 '바벨'이라고 불렸어요. 사람들이 하나님께 불순종했기 때문에, 그들의 죄가 서로를 멀어지게 만들었어요.

●● 가스펠 링크

사람들은 하나님이 아니라 자신에게 영광을 돌리고 싶어 했어요. 사람들은 하나님의 계획을 무시했고, 하나님은 사람들의 언어를 뒤섞어 버려 온 땅에 흩어지게 하셨어요. 언젠가 예수님이 하나님의 백성을 모두 모으실 거예요. 그때에는 모든 족속의 사람들과 모든 종류의 언어를 쓰는 사람들이 다 모여서 하나님께 예배드릴 거예요.

가스펠 준비

 10~20분

 환영

도착하는 아이들을 반갑게 맞이하고 헌금, 출석, QT 등을 확인하며 격려한다. 편안한 분위기에서 안부를 물으며 오늘의 말씀과 관련된 화제로 이야기를 나눈다. 아이들에게 자신이 본 것 중에서 제일 높은 건물이 무엇이었는지 이야기해 보게 한다. 그런 다음 아주 높은 건물에 들어가 본 경험에 대해 물어본다. 자발적으로 대화에 참여하도록 이끈다.

예) "친구가 본 건물 중 제일 높은 건물은 몇 층이었나요?" 등.

 마음 열기

거꾸로 말하기 *

[준비물] 넓은 테이프

① 아이들을 팀별로 한 줄씩 세운다.

② 거꾸로 나열된 글자가 원래 무슨 단어인지 알아맞히는 게임의 규칙 (예) 비나 → 나비, 끼토산 → 산토끼 등.)을 설명하고 간단한 연습 문제를 풀어 본다.

③ 각 줄의 맨 앞에 선 아이부터 차례로 문제를 풀게 한다.

④ 아이들에게 다음 단어들을 빠르게 읽어 준다.

- 탑벨바 (바벨탑)
- 종순불 (불순종)
- 기세창 (창세기)
- 광영 님나하 (하나님 영광)
- 주방 의아노 (노아의 방주)

⑤ 먼저 맞히는 아이가 속한 팀이 점수를 획득한다.

───── 단어의 앞뒤 순서가 바뀌니까 원래 단어가 무엇인지 알기가 어려웠지요? 오늘 성경 이야기에 등장하는 사람들은 하루아침에 서로의 이야기를 전혀 알아들을 수 없게 되었답니다. 도대체 그들에게 무슨 일이 있었던 것일까요?

모든 언어로 하나님을 찬양해요 *

[준비물] 종이, 연필

① "좋으신 하나님"의 스페인어 찬양을 아이들에게 들려준다.

Dios bueno es, 디오스 부에노 에스

Dios bueno es, 디오스 부에노 에스

Dios bueno es, 디오스 부에노 에스

Bueno es para mí. 부에노 에스 빠라 미

El me salvó, 엘 메 살보

El me salvó, 엘 메 살보

El me salvó, 엘 메 살보

Bueno es para mí. 부에노 에스 빠라 미

② 아이들에게 가사가 들리는 대로 한글로 받아 적으라고 한다.

③ 팀별로 받아 적은 스페인어 가사로 찬양을 부르게 한다.

④ 원래 가사와 가장 비슷한 발음으로 찬양한 팀이 승리한다.

───── 우리는 오늘 스페인어로 된 "좋으신 하나님"이라는 찬양을 불러 보았어요. 뜻은 우리말 찬양과 같지만 언어가 달라서 우리는 그 내용을 이해할 수가 없어요. 왜 세상에는 다양한 언어가 생겨나게 되었을까요? 오늘 말씀을 통해 그 이야기를 함께 살펴보아요.

가스펠 설교

15~30분

 들어가기

쌍안경을 눈에 댄 채 들어온다.

오, 안녕하세요, 여러분! 모험을 떠날 준비가 되었나요? 우리는 오늘 어떤 골짜기로 날아가게 될 텐데, 그곳은 오늘 이야기 속의 사람들이 살던 시대에는 엄청 유명한 곳이었어요. 모두들 거기 모여 살고 싶어 해서, 뚝딱뚝딱 공사도 많이 하고 정말 소란스러웠대요! 아주 바쁜 곳이었지요. 지난 몇 주간 어떤 일이 있었는지 기억하나요?

 연대표

하나님이 세상을
창조하셨어요

하나님이 사람을
창조하셨어요

죄가 세상에
들어왔어요

가인과 아벨이
제물을 드렸어요

하나님이 노아와
가족을 구해 주셨어요

바벨탑을 쌓던
사람들이 흩어졌어요

연대표를 한번 훑어봅시다. 이 세상이 시작될 때 그곳에는 하나님 외에는 아무것도 없었어요. **하나님이 세상의 모든 것을 창조하셔서 하나님의 영광을 나타내셨어요.** 하나님은 땅과 별과 식물과 동물만 만들고 그만두지 않으셨어요. **하나님은**

하나님의 형상대로 사람을 창조하셨고, 남자와 여자로 만드셨어요. 하나님이 만드신 것은 모두 좋았어요!

그런데 불행하게도 하나님이 만드신 사람들이 죄를 지었어요. **아담과 하와의 죄가 그들을 하나님으로부터 갈라놓았어요.** 그리고 **가인의 죄가 그를 하나님과 사람들로부터 갈라놓았어요.** 겨우 몇 세대가 지난 후, 하나님이 이 땅을 보셨는데 죄가 온 땅의 모든 창조물에 퍼져 있었어요. 하나님은 처음부터 완전히 다시 시작하기로 결심하셨어요. **하나님은 거룩하시고, 죄를 벌하세요.**

하지만 하나님은 노아와 그의 가족에게 자비를 베푸셨어요. 죄를 없애기 위해서, 하나님은 엄청난 홍수를 보내 살아 있는 모든 것을 멸망시켜 버리셨어요. 노아와 함께 방주에 타고 있던 그의 가족과 생물들만 살아남았지요.

오늘 이야기에서 사람들은 또 죄를 지어요. 이 이야기는 노아와 그의 가족이 많은 자손을 낳아 온 땅을 채운 뒤에 일어난 일이에요. 사람들은 모두 한곳에 모여 탑을 쌓았지요. 하지만 이것은 하나님을 높이기 위해 한 일이 아니었답니다.

 성경의 초점

하나님은 아주 구체적인 목적을 가지고 사람을 만드셨어요. **하나님은 왜 세상을 창조하셨나요? 하나님은 이 세상 모든 것을 하나님의 영광을 위해 창조하셨어요.** 그런데 탑을 쌓은 사람들은 자신들의 목표가 날마다 하나님께 영광을 돌리는 것이어야 한다는 사실을 잊어버렸어요.

 성경 이야기

모두 성경을 펴고 창세기 11장을 찾아볼까요? 4절을 함께 읽어요.

창세기 11장을 펴고, 설교 영상(지도자용 팩)을 보여 주거나 이야기 성경을 들려준다.

하나님은 노아의 가족에게 땅으로 퍼져 나가 이 땅을 가득 채우라고 하셨어요. **하나님은 오직 하나님께만 영광을 돌리게 하시려고 사람을 창조하셨어요.** 그러나 사람들은 하나님께 불순종했어요. 그들은 오히려 한곳에 모여 살며 높은 탑을 쌓고 싶어 했지요. 우쭐하는 마음이 가득했던 사람들은 아주 높은 탑을 쌓아 자신들이 얼마나 대단한지 보여 주고 싶었던 거예요.

우리에게 하나님보다 더 소중한 것이 있다면, 그것은 죄예요. 사람들은 하나님의 영광보다 자신의 영광을 더 소중하게 여겼기 때문에 죄를 지었어요. 그들은 자신들이 쌓은 높은 탑을 통해 하나님이 얼마나 위대하신지 알게 하려는 것이 아니었어요. 오히려 자신들이 얼마나 대단한지 알아주기를 바랐지요.

복/습/질/문

1 하나님은 사람들에게 어떻게 하라고 말씀하셨나요?

하나님은 노아와 그의 가족에게 자손을 많이 낳아 온 땅을 채우라고 하셨다 (창 9:1)

2 사람들은 어떻게 했나요?

높은 탑을 쌓아 자신들이 얼마나 대단한지 보여 주기를 원했다 (창 11:4)

3 하나님은 사람들이 하나님의 말씀대로 온 땅에 퍼져 나가게 하시기 위해 어떻게 하셨나요?

하나님은 그들의 언어를 뒤섞어 서로의 말을 알아듣지 못하게 하셨다 (창 11:7~9)

4 **하나님은 왜 세상을 창조하셨나요?**

하나님은 이 세상 모든 것을 하나님의 영광을 위해 창조하셨어요.

복음 초청

성경과 35쪽 복음 초청 가이드를 이용해서 아이들에게 그리스도인이 되는 법을 설명해 준다. 따로 상담해 줄 사람을 정해 주고 궁금한 점이 있으면 물어보도록 격려한다.

이 시간 예수님을 마음에 모시고 싶은 친구는 함께 기도해요.

🙏 기도

사랑으로 우리를 용서해 주시는 하나님, 감사합니다. 이 시간 예수님을 마음에 초대하기 원하는 친구들이 있습니다. 찾아와 주셔서 모든 잘못을 용서해 주시고, 예수님의 친구가

되게 해 주세요. 우리 모두 하나님께 순종하는 사람이 되도록 도와주세요. 하나님을 잊지 않고, 나 자신이 아니라 하나님께 영광을 돌리는 우리가 되게 해 주세요. 예수님의 이름으로 기도합니다. 아멘.

적용

🔲 설교 도입이나 적용으로 활용하거나 영상을 본 뒤 소그룹에서 풍성한 대화를 이어 갈 수 있습니다.

사람들이 높은 탑을 쌓은 것이 문제가 아니었어요. 하나님이 온 땅으로 퍼져 나가라고 하셨는데, 그 말씀에 순종하지 않은 것이 문제였지요. 사람들은 자신의 재능으로 하나님께 영광을 돌리려고 하지 않았어요. 오히려 그렇게 높은 탑을 쌓을 수 있는 능력을 가진 자신들이 얼마나 대단한지 알아주기를 바랐지요. 사람들은 하나님께 영광을 돌리기보다 자신에게 영광을 돌리고 싶어 했던 거예요.

하지만 **하나님은 오직 하나님께만 영광을 돌리게 하시려고 사람을 창조하셨어요.** 사람들은 창조된 목적에 맞게 살지 않았어요. 오늘의 영상을 보면서 이 이야기가 우리와 어떤 관련이 있는지 생각해 보기로 해요.

📀 적용 예화 영상(지도자용 팩)을 보여 준다.

여러분은 새뮤얼에 대해 어떻게 생각하나요? 새뮤얼은 좋은 일을 많이 할 수 있었지요? 하지만 새뮤얼이 좋은 이유로 그 일들을 했나요? 새뮤얼이 혼자 그 일들을 했을까요? 우리의 재능은 다 하나님이 주신 것이고, 그것을 사용할 수 있는 힘도 하나님이 주세요. 우리는 그 재능과 능력을 하나님께 영광을 돌리기 위해 쓸지, 우리 자신에게 영광을 돌리기 위해 쓸지 선택할 수 있어요. 새뮤얼은 어느 쪽을 골랐나요?

하나님은 왜 세상을 창조하셨나요? 하나님은 이 세상 모든 것을 하나님의 영광을 위해 창조하셨어요. 우리가 어떻게 하나님께 영광을 돌릴 수 있는지 예를 들어 볼 친구 있나요? 그와 반대로, 하나님께 영광을 돌리지 않는 행동에는 어떤 것이 있을까요? 하나님께 영광을 돌리기 위해 노력합시다. 바로 그것이 우리가 창조된 이유니까요!

가스펠 소그룹

10~20분

나침반

암송 구절 빈칸 채우기

[준비물] 학생용 교재 36쪽, 연필

그러나 우리에게는
한 [하][나][님] 곧 아버지가 계시니
만물이 [그]에게서 났고
우리도 [그]를 위하여 있고
또한 한 주 [예][수] 그리스도께서 계시니
만물이 [그]로 말미암고
우리도 [그]로 말미암아 있느니라

고린도전서 8장 6절

① 다 함께 암송 구절을 읽거나 외워 본다. 자원하는 아이가 있다면 한 명씩 발표해 보게 하는 것도 좋다.

② 빈칸에 알맞은 단어를 [보기]에서 찾아 적게 한다.

━━ 하나님이 우리를 창조하셨어요. 하나님은 우리가 살아가는 이유예요! **하나님은 오직 하나님께만 영광을 돌리게 하시려고 사람을 창조하셨어요.**

퍼즐 맞추기 *

[준비물] 암송 퍼즐(125쪽), 가위, 셀로판테이프

그	러	나		우	리	에	게	는		한		
하	나	님		곧		아	버	지	가		계	시	니
만	물	이		그	에	게	서		났	고		
우	리	도		그	를		위	하	여		있	고
또	한		한		주		예	수		그	리	스	도
께	서		계	시	니		만	물	이		그	로
말	미	암	고		우	리	도		그	로		말	미
암	아		있	느	니	라		고린도전서		8장 6절		

① 암송 퍼즐을 굵은 선대로 잘라 섞어 놓는다(두꺼운 종이를 덧대는 것도 좋다).

② 암송 구절을 함께 외우고 퍼즐을 맞추게 한다.

③ 암송 퍼즐이 완성되면 셀로판테이프로 떨어지지 않게 붙이고, 암

송 구절을 함께 읽는다.

보물 지도

OX 퀴즈

[준비물] 학생용 교재 37쪽, 연필

① 학생용 교재를 이용해 문제를 풀거나 게임으로 진행할 수 있다.

② 게임으로 진행할 경우, 아이들을 일어나게 한 후 예배실 여기저기로 흩어지게 한다. 설명하는 말을 잘 듣고 답이 ○면 높이 뛰고, ✕면 바닥에 닿을 정도로 최대한 낮게 쪼그려 앉으라고 말한다.

1 하나님은 사람들에게 서로 모여 있으라고 말씀하셨다 (창 9:1)

✕, 하나님은 사람들에게 흩어져 땅을 채우라고 하셨다

2 사람들은 하나님을 찬양하기 위해 탑을 쌓았다 (창 11:4)

✕, 사람들은 자신의 이름을 널리 알리기 위해 탑을 쌓았다

3 하나님은 언어를 혼란스럽게 하셔서 그들이 서로의 말을 알아듣지 못하게 하셨다 (창 11:7~9)

○

4 하나님은 세상의 모든 것을 창조하셔서 하나님의 영광을 나타내셨다.

○

5 우리는 날마다 우리가 하는 모든 활동을 통해 하나님께 영광을 돌릴 수 있다.

○

6 하나님은 우리가 하나님께 영광을 돌리든지 말든지 신경을 안 쓰신다.

✕, 하나님은 오직 하나님께만 영광을 돌리게 하시려고 사람을 창조하셨다

탐험하기

흩어진 언어

[준비물] 학생용 교재 37쪽, 연필

> 하나님은 오직 [하나님께만]
> 영광을 돌리게 하시려고 [사람을 창조하셨어요].

괄호 안 글자의 순서를 바르게 맞추어 문장을 완성하게 한다.

— **하나님은 오직 하나님께만 영광을 돌리게 하시려고 사람을 창조하셨어요.** 그러나 바벨에서 사람들은 자신들이 하나님보다 더 높아지고 싶어졌어요. 그 결과 하나님께 반역하게 되었고, 그 벌로 그들의 언어가 뒤섞였어요.

바벨탑 쌓기 ✳

[준비물] 젠가, 네임펜 또는 라벨지

① 젠가 옆면에 여러 가지 죄의 항목을 써 놓거나 라벨지에 기록해 붙인다(교만, 탐욕, 시기, 미움 등).
② 한 사람씩 죄가 쓰인 젠가를 하나씩 빼 위로 쌓는다.
③ 젠가가 바닥에 떨어지거나 전체 탑이 쓰러지면 패배한다.

— 바벨에서 사람들은 하나님을 향해 죄악을 쌓았어요. 그것은 바로 교만이었어요. 하지만 교만의 탑은 반드시 무너지게 되어 있어요.

보물 상자

나만의 기록장

[준비물] 학생용 교재 38쪽, 연필이나 색연필

① 우리 자신을 높이지 않고 하나님께 영광을 돌리는 모습은 어떤 것일지 그림을 그리거나 글로 목록을 작성해 보게 한다.
② 어떤 때에 우리가 우리 자신을 높이기 쉬운지, 그때 어떻게 하면 하나님께 영광을 돌릴 수 있을지 아이들에게 물어본다.

— 여러분도 대단해지고 싶은 적이 있었나요? 그래서 어떻게 했나요? 중요한 시합에서 이긴 것을 자랑하거나, 시험 성적이 좋다고 친구들에게 잘난 척하고 나면 기분이 어떻던가요? 친구에게 자랑할 때는 신이 났겠지만, 며칠 뒤에도 그

때와 똑같이 기분이 좋지는 않았을 거예요. 우리의 영광은 오래가지 않아요. 한순간은 다들 우리에게 대단하다고 말하겠지만, 뒤돌아서면 아무도 우리가 한 일을 기억해 주지 않아요.

이 이야기를 듣고 나니 왜 우리가 하나님께 영광을 돌리는 일을 중요하게 생각해야 하는지 알겠나요? 우리의 영광은 오래가지 않지만, 하나님의 영광은 영원해요! 우리는 하나님께 순종하고, 다른 사람들도 하나님을 바라보게 함으로써 하나님께 영광을 돌릴 수 있답니다.

메시지 카드

이번 주 메시지 카드로 부모님과 함께 오늘 배운 성경 이야기를 나누어 보라고 한다.

기도

오직 하나님만이 영광을 받으실 분임을 알게 해 주셔서 감사합니다. 우리가 자신에게 영광을 돌리고자 애쓰지 않고 하나님께 영광을 돌리며 살 수 있도록 도와주세요. 우리가 하나님께 순종하며 영광을 돌리는 모습을 보고 다른 사람들도 예수님을 사랑하고 믿을 수 있는 기회를 허락해 주세요. 예수님의 이름으로 기도합니다. 아멘.

2^{단원} 언약을 맺으시는 하나님

하나님은 아브라함 및 그의 자손과 언약 관계를 시작하셨습니다. 그것은 하나님의 구속 계획을 이어 가시기 위해서였습니다. 하나님은 아브라함의 자손, 즉 이스라엘 나라를 통해 메시아 예수님을 보내심으로써 온 세상에 복을 주실 것입니다.

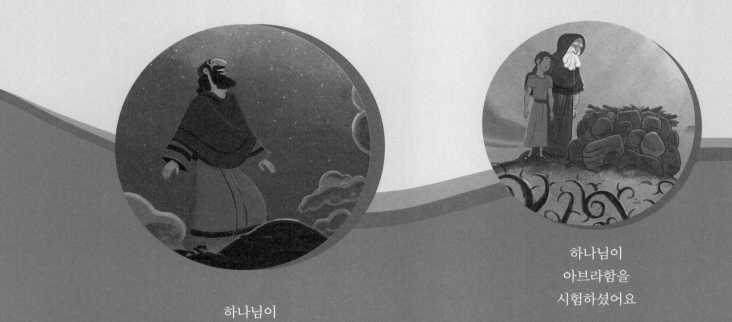

하나님이
아브라함과 언약을
맺으셨어요

하나님이
아브라함을
시험하셨어요

The Gospel Project

하나님이
다시
약속하셨어요

🎨 카운트다운 – 동물 농장

카운트다운 영상(지도자용 팩)을 틀고 예배 준비 자세를 취하도록 격려한다. 예배가 시작되는 시간에 영상이 끝나도록 맞추어 놓는다. 익숙해질 때까지 중간에 남은 시간을 알리는 것도 좋다.
예) "1분 전입니다", "30초 전입니다. 마음을 가다듬고 기도하며 하나님께 나아갑시다" 등.

🎨 무대 배경 – 결혼식장

밝은색 망사나 천을 크리스마스 전구와 함께 실에 꿰어 벽면을 따라 장식해 결혼식장처럼 알록달록하게 꾸민다. 화면에 결혼식장 배경 이미지(지도자용 팩)를 띄운다.

7

하나님이
아브라함과
언약을 맺으셨어요

창 12:1~3, 15:1~21, 17:1~9

본문 속으로

🔍

이 단원에서는 언약을 맺으시는 하나님을 만나게 됩니다. 홍수 이후 하나님은 노아와 그의 가족, 그리고 모든 생물과 언약을 맺으셨습니다. 하나님은 다시는 온 땅을 물로 덮지 않겠다고 약속하시고, 자신의 언약을 확정하기 위해 하늘에 무지개를 두셨습니다(창 9:8~17 참조). 하나님이 노아와 맺으신 언약은 무조건적이었습니다. 노아에게는 언약을 이행할 어떠한 책임도 없었습니다.

세월이 흘러 노아의 가족은 수가 많아졌습니다. 노아의 아들 셈도 자식을 낳았습니다. 셈의 10대손이 아브람입니다(창 11:10~26 참조). 아브람은 아내 사래와 아버지 데라, 그리고 조카 롯과 함께 가나안을 향해 길을 떠났습니다. 아브람이 75세가 되었을 때, 하나님은 그에게 가족과 고향을 뒤로하고 하나님이 지시하신 곳으로 가라고 하셨습니다. 하나님은 아브람의 자손 중 하나를 통해 온 세상에 복을 주겠다는 언약을 아브람과 맺으셨습니다(창 12:1~3). 믿음으로 아브람은 순종했습니다.

하나님이 아브람과 맺으신 언약은 무조건적이었습니다. 아브람의 시대에는 두 사람이 계약을 체결할 때, 동물을 반으로 쪼개어 놓고 양 당사자가 그 사이로 걸어가며 "만일 내가 계약에 따른 책임을 다하지 않으면 이 죽은 동물과 같이 될 것이다"라고 말하게 되어 있었습니다(창 15장 참조). 그런데 이번에는 연기 나는 화로와 타오르는 횃불만 동물들 사이를 지나갔습니다. 이것은 하나님만 이 계약을 지킬 의무가 있음을 보여 주신 것입니다.

99세가 되었을 때에도 아브람에게는 여전히 자녀가 없었습니다. 아브람에게 자녀가 하나도 없는데, 하나님은 아브람의 자손이 하늘의 별과 같이 많아질 것이라는 약속을 어떻게 지키실 수 있을까요? 그러나 하나님은 언약을 진지하게 생각하셨습니다. 하나님은 언제나 약속을 지키는 분이십니다. 하나님은 심지어 아브람의 이름마저 '아브라함'으로 바꾸셨습니다. 아브라함은 '여러 민족의 아버지'라는 뜻입니다.

● ● 티칭 포인트

하나님은 반드시 약속을 지키는 신실하신 분이라는 것을 아이들에게 가르쳐 주십시오. 하나님은 아브라함을 통해 온 세상에 복을 주겠다고 약속하셨고, 때가 되자 예수님이 아브라함의 자손으로 태어나셨습니다(갈 4:4~5). 하나님이 아브라함에게 하신 약속을 예수님이 성취하신 것입니다(갈 3:8 참조). 예수님은 죄인들을 구원하기 위해 세상에 오셨습니다. 예수님을 통해 땅의 모든 나라가 복을 받게 되었습니다.

주제

하나님은 아브라함을 통해 온 세상에 복을 주겠다고 약속하셨어요.

가스펠 링크

아브라함을 통해 온 세상에 복을 주겠다고 약속하신 하나님은 예수님을 아브라함의 자손으로 태어나게 하셔서 땅의 모든 나라가 복을 받게 하셨어요.

아브라함의 계보
노아(950세)
셈(600세)
아르박삿(438세)
셀라(433세)
에벨(464세)
벨렉(239세)
르우(239세)
스룩(230세)
나홀(148세)
데라(205세)
아브람/아브라함 (175세)
이삭(180세)
야곱/이스라엘 (147세)

하나님이 아브라함과 언약을 맺으셨어요 창 12:1~3, 15:1~21, 17:1~9

아브람은 그의 아내 사래와 함께 살고 있었어요. 하나님은 아브람을 택하시고, 그가 한 번도 가 본 적이 없는 곳으로 가라고 말씀하셨어요. 하나님은 아브람에게 세 가지를 약속하셨어요. 첫째는 많은 자손, 둘째는 자손이 살 땅, 그리고 셋째는 복이었어요.

하나님이 주신 약속은 정말 놀라웠어요. 하지만 아브람은 슬펐어요. 자신의 복을 물려받을 자녀가 하나도 없었거든요. 그래서 그는 "제 하인들 중 하나가 제 상속자가 될 것입니다"라고 말했어요. 그러나 하나님은 더 좋은 계획을 가지고 계셨어요. 하나님은 아브람을 밖으로 데리고 나가서 아브람에게 하셨던 약속을 다시 기억하게 하셨어요. "하늘을 보아라. 저 별들을 셀 수 있겠느냐?" 하고 하나님이 말씀하셨어요. 하지만 아브람은 별을 다 셀 수 없었어요. 하늘에 별이 너무 많았거든요. 하나님은 "네 자손도 이와 같이 많을 것이다"라고 약속하셨지요. 아브람은 하나님을 믿었고, 하나님은 기뻐하셨어요.

하나님은 아브람에게 지금 살고 있는 땅을 그의 자손에게 주겠다는 약속도 하셨어요. 아브람이 "제가 어떻게 확신할 수 있겠습니까?" 하고 묻자 하나님은 아브람과의 언약을 확정하셨어요. 하나님은 동물 다섯 마리를 가져오라고 하셨어요. 암소, 암염소, 숫양, 산비둘기, 그리고 집비둘기 새끼였지요. 아브람이 동물들을 가져오자 하나님은 동물들을 반으로 쪼개라고 하셨어요. 그리고 해가 지고 아브람이 깊은 잠에 빠졌을 때 하나님은 아브람에게 앞으로 일어날 일을 말씀해 주셨어요. 아브람의 자손은 다른 나라에서 400년간 노예 생활을 하게 되겠지만 하나님은 그 나라를 심판하시고 아브람의 자손에게 다시 복을 주실 거예요. 아브람이

사는 동안에는 오래도록 평안한 삶을 누리게 될 거예요. 어두워지자 하나님을 상징하는 연기 나는 화로와 타오르는 횃불이 쪼개어 놓은 동물들 사이로 지나갔어요. 이것은 약속을 지킬 책임이 하나님께 있다는 뜻이에요.

여러 해가 지났는데도 아브람에게는 여전히 약속하신 자녀가 태어나지 않았어요. 하지만 하나님은 약속을 잊지 않으셨어요. 하나님이 아브람에게 다시 말씀하셨어요. "나는 전능한 하나님이다. 나와 너 사이에 언약을 세우고 너를 창대하게 할 것이다." 하나님은 이 약속을 매우 중요하게 여기셔서 아브람의 이름도 '아브라함'으로 바꾸어 주셨어요. '아브라함'은 '여러 민족의 아버지'라는 뜻이에요. 하나님은 아브라함에게 그가 많은 민족과 왕들의 조상이 될 것이라고 말씀하셨어요. "나는 너와 맺은 약속을 지킬 것이고, 그 약속은 영원히 계속될 것이다. 나는 너의 하나님이 되고, 네 가족, 즉 네 모든 후손의 하나님이 될 것이다." 하나님은 아브라함과 그의 후손에게 그들이 살고 있는 가나안 땅을 주겠다는 약속도 하셨어요. "이 땅은 영원히 너의 소유가 될 것이다."

●● 가스펠 링크

하나님은 아브라함을 부르셔서 고향을 떠나 다른 나라로 가라고 하셨고, 아브라함을 통해 온 세상에 복을 주겠다고 약속하셨어요. 하나님은 예수님이 하늘나라를 떠나 이 땅에서 아브라함의 자손으로 태어나게 하셨어요. 예수님을 통해 땅의 모든 민족이 복을 받게 되었답니다.

가스펠 준비

환영

도착하는 아이들을 반갑게 맞이하고 헌금, 출석, QT 등을 확인하며 격려한다. 편안한 분위기에서 안부를 물으며 오늘의 말씀과 관련된 화제로 이야기를 나눈다. 다른 사람에게 약속을 했거나, 다른 사람의 약속을 받아 본 경험이 있으면 친구들과 서로 이야기해 보라고 한다. 그 약속이 지켜졌는지 물어본다.

예) "여러분은 약속을 잘 지키나요?", "기억에 남는 약속이 있나요?" 등.

— 오늘 우리는 하나님이 아브라함에게 하신 약속에 대해 배울 거예요. 하나님의 약속이 좋은 이유는 하나님은 절대 약속을 어기지 않으시기 때문이에요. 하나님은 언제나 믿을 수 있는 분이시고, 하겠다고 말씀하신 것은 반드시 하시는 분이에요.

마음 열기

별이 빛나는 밤 ✳

[준비물] 이쑤시개, 검정색 도화지, 손전등

① 아이들에게 이쑤시개와 검정색 도화지를 한 장씩 나누어 주고 별 모양으로 구멍을 뚫게 한다.

TIP 카펫이나 스티로폼, 수건 등을 깔면 구멍을 쉽게 뚫을 수 있다.

② 구멍을 다 뚫었으면 아이들에게 도화지를 들고 있으라고 한다.

③ 불을 꺼 어둡게 한 뒤 손전등을 도화지 뒤에서 비춘다.

— 하나님은 아브라함에게 무엇인가가 별만큼이나 많아질 것이라고 말씀하셨어요! 하나님은 아브라함에게 굉장한 약속을 하셨고, 오늘 우리는 그 약속에 대해서 배울 거예요. 혹시 무엇을 약속하셨는지 아는 친구 있나요? 하나님이 아브라함에게 자동차를 하늘의 별만큼 많이 주겠다고 하셨을까요? 혹시 맛있는 빵을 하늘의 별만큼 많이 주겠다고 하셨을까요? 하나님이 아브라함에게 하신 약속 때문에 온 세상은 복을 받을 거예요. 그 약속이 무엇인지 같이 알아보아요!

꼬부랑 할머니 달리기 ✳

[준비물] 장애물로 쓸 바구니, 지팡이 2개, 눈가리개 2개

① 두 팀으로 나누어 각 팀을 한 줄로 세운다.

② 맨 앞에 선 주자에게 지팡이를 손에 쥐고 눈가리개를 착용하게 한다.

③ 바닥에는 바구니를 뒤집어 놓아 장애물을 설치한다.

④ 지팡이를 더듬더듬 짚으면서 바구니를 몸으로 건드리지 않고 맞은편 벽까지 걸어갔다 돌아오게 한다.

⑤ 지팡이와 눈가리개를 다음 주자에게 건네준다.

⑥ 모든 팀원이 먼저 완주하는 팀이 이긴다.

— 하나님이 아브라함과 사라에게 아주 중요한 약속을 하셨을 때 두 사람은 나이가 무척 많았어요. 온 세상에 복을 주겠다는 하나님의 약속에 대해 배워 보아요.

67

가스펠 설교

15~30분

 들어가기

결혼식에 가는 차림으로 등장한다.

여러분, 성대한 결혼식에 참석하기 위해 이곳에 모였나요? 드디어 결혼식이라는 것이 믿어지지 않네요. 정말 기뻐요! 신랑, 신부는 이제 곧 하나님 앞에서 평생 깨어지지 않을 언약을 맺게 될 거예요. 언약이란 두 사람이 하는 특별한 약속이에요. 이 약속은 하나님 앞에서 하는 것이고, 영원히 깰 수 없답니다. 오늘 우리는 하나님이 아브라함이라는 사람과 맺으신 아주 중요한 언약에 대해 배우게 될 거예요.

 연대표

하나님이 세상을 창조하셨어요

하나님이 사람을 창조하셨어요

죄가 세상에 들어왔어요

가인과 아벨이 제물을 드렸어요

하나님이 노아와 가족을 구해 주셨어요

바벨탑을 쌓던 사람들이 흩어졌어요

지난 6주 동안 우리는 하나님이 하신 많은 일들에 대해서 배웠어요. 하나님은 세상과 사람들을 만드셔서 하나님의 영광을 나타내셨어요. 그후 사람들은 죄를 지었고, **죄는 사람들을 하나님으로부터 갈라놓았어요.** 성경은 죄에 대한 벌이 죽음이라고 말해요. 하지만 하나님은 처음부터 사람들이 예수님을 통해 용서받을 수 있도록 계획해 놓으셨어요!

 성경의 초점

오늘 우리는 하나님이 아브라함에게 하신 놀라운 약속에 대해 배우게 될 거예요. 이 약속의 내용에는 예수님도 들어 있답니다. **하나님은 무엇을 약속하셨을까요?** 바로 오늘, 이 질문에 대한 답을 배워 봅시다!

 성경 이야기

오늘 이야기는 창세기 12~17장에 나와요. 아브라함은 창세기에서 매우 중요한 사람이기 때문에 앞으로도 많이 배우게 될 거예요. 아브라함은 하나님을 따랐던 실존 인물이랍니다. 하나님은 아브라함과 언약이라는 약속도 맺으셨어요. 이야기를 잘 듣고 오늘의 성경의 초점인 **"하나님은 무엇을 약속하셨나요?"**라는 질문에 대한 답을 찾아보세요.

창세기 12장, 15장, 17장을 펴고, 설교 영상(지도자용 팩)을 보여 주거나 이야기 성경을 들려준다.

하나님은 무엇을 약속하셨나요? 하나님은 하나님의 백성에게 복을 주겠다고 약속하셨어요. 하나님은 아브라함이 많은 세대의 조상이 될 것이며, 그의 자녀와 자녀의 자녀가 다른 사람들을 축복하게 될 것이라고 약속하셨어요. **하나님은 아브라함을 통해 온 세상에 복을 주겠다고 약속하신 거예요.**

아브라함은 나이가 많았고 자녀가 없었어요. 아브라함은 과연 하나님이 어떤 방법으로 약속을 지키실지 알 수 없었지만, 여전히 하나님을 믿었답니다. 그후로도 아브라함은 하나님이 약속하신 아들을 주시기까지 아주 오랜 시간을 기다렸어요. 하나님은 아브라함에게 아들을 주겠다는 약속만 하신 것이 아니에요. **하나님은 아브라함과 그의 자손을 통해 온 세상에 복을 주겠다고 약속하셨어요.**

언젠가 예수님이 아브라함의 자손으로 이 땅에 오세요. 예수님이야말로 하나님이 세상에 주시는 최고의 복이랍니다. 하나님은 예수님을 믿는 사람은 누구나 예수님의 죽음과 부활을 통해 의로움을 얻게 하심으로써 하나님의 약속을 지키셨어요. 하나님은 언제나 약속을 지키는 분이세요. 사람들은 서로 약속을 저버릴 때가 있지만, 하나님은 결코 약속을 깨뜨리지 않으세요. 하나님은 완전하고 거룩한 분이세요. 하나님은 자기가 맺은 모든 언약을 지키신답니다.

복/습/질/문

1 하나님은 아브람에게 무슨 동물을 가져오라고 하셨나요?

암소, 암염소, 숫양, 산비둘기, 집비둘기 새끼 (창 15:9)

2 하나님은 아브람의 이름을 무엇으로 바꾸셨나요?

아브라함 (창 17:5)

3 하나님은 아브라함에게 하나님의 약속이 얼마나 오래 계속될 것이라고 말씀하셨나요?

영원히, 대대로 (창 17:7)

4 하나님은 무엇을 약속하셨나요?

하나님은 하나님의 백성에게 복을 주겠다고 약속하셨어요.

 ## 찬양

 기뻐하리라

깜깜한 이 세상에 빛으로 오신 주
하늘 영광 버리고 이 땅에 오셨네
예수님 믿고서 구원을 받았네
날 위해 죽으시고 다시 사신 주

찬양해요 주님께 감사해요
나의 생명보다 더 주를 사랑해요
신실한 주 사랑 찬양하리라
영원히 주님만을 기뻐하리라.

※지도자용 팩 또는 가스펠 프로젝트 홈페이지(gospelproject.co.kr)에서 이용하세요.

 ## 복음 초청

성경과 35쪽 복음 초청 가이드를 이용해서 아이들에게 그리스도인이 되는 법을 설명해 준다. 따로 상담해 줄 사람을 정해 주고 궁금한 점이 있으면 물어보도록 격려한다.

이 시간 예수님을 마음에 모시고 싶은 친구는 함께 기도해요.

 ## 기도

언젠가 아브라함의 자손을 통해 세상에 복을 주겠다고 약속하신 하나님을 찬양합니다. 예수님을 보내서서, 예수님을 믿는 사람은 누구나 하나님과 바른 관계를 누릴 수 있도록 계획하신 하나님, 감사합니다. 우리가 더욱 하나님을 의지하게 해 주세요. 하나님이 성경에서 약속하신 것들은 모두 참되다고 굳게 믿을 수 있게 도와주세요. 예수님의 이름으로 기도합니다. 아멘.

 ## 적용

TIP 설교 도입이나 적용으로 활용하거나 영상을 본 뒤 소그룹에서 풍성한 대화를 이어 갈 수 있습니다.

하나님은 모든 약속을 완벽하게 지키세요. 하나님은 아브라함에게 훗날 그의 자손을 통해 무슨 일이 일어날지도 말씀하셨어요. 영상을 보고 더 이야기해 보기로 해요.

적용 예화 영상(지도자용 팩)을 보여 준다.

사람들은 언제나 약속을 지키나요? 여러분은 약속해 놓고 지키지 못한 적이 없었나요? 우리가 본 영상에서, 과학자는 미래의 일을 정말 알고 있었나요?

하나님은 모든 것을 알고 계세요. 하나님은 미래에 일어날 일을 모두 아시고 온전히 다스리신답니다. 하나님은 먼 훗날 아브라함의 자손을 통해 어떤 일을 하실지 정확하게 알고 계셨어요. 바로 예수님을 보내시는 일이지요! **하나님은 무엇을 약속하셨나요? 하나님은 하나님의 백성에게 복을 주겠다고 약속하셨어요.**

하나님은 아브라함을 통해 온 세상에 복을 주겠다고 약속하셨어요. 이 약속 때문에 예수님이 오셨어요. 예수님은 십자가에서 죽으시고 3일 만에 죽은 자 가운데서 다시 살아나서서 우리의 죗값을 치르셨어요. 예수님을 믿는 모든 사람이 죄를 용서받게 해 주시기 위해서였지요.

69

가스펠 소그룹

 10~20분

 나침반

말씀 따라 선 긋기

[준비물] 학생용 교재 42쪽, 색연필

"성경이 무엇을 말하느냐 아브라함이 하나님을 믿으매 그 것이 그에게 의로 여겨진 바 되었느니라"(롬 4:3).

① 로마서 4장 3절을 함께 읽어 본다.

② 암송 구절을 따라 별을 선으로 이어 그림을 완성하고 색칠한다.

―― 하나님은 말씀하신 것은 반드시 그대로 행하시는 분이세요. 아브라함은 그것을 믿었고, 하나님은 아브라함의 믿음을 의로 여기셨어요. 우리도 예수님이 십자가에서 죽으시고 다시 살아나심으로 우리의 죗값을 치르셨다는 것을 믿으면, 하나님이 우리를 예수님처럼 의롭다고 여겨 주세요. 예수님이 우리의 벌을 대신 받으셨기 때문에 우리는 예수님의 의로움을 가지게 되는 것이지요. **하나님은 아브라함을 통해 온 세상에 복을 주겠다고 약속하셨어요.** 이 약속은 영원히 계속된답니다.

연대표

[준비물] 학생용 교재 94~95쪽

연대표를 보며 지난 6주간 배운 이야기들을 복습하고, 오늘 이야기는 어디쯤 있는지 찾아본다.

 보물 지도

성경 찾아보며 이야기 회상하기

[준비물] 학생용 교재 43쪽, 연필

① 창세기에 대한 질문으로 성경 찾기를 시작한다.

1 창세기의 저자는 누구인가요? 모세

2 성경의 첫 다섯 권을 무엇이라고 하나요? 모세오경 또는 율법서

3 창세기는 총 몇 장으로 이루어져 있나요? 50장

② 창세기 15장과 17장을 펴서 답을 찾고 [ ] 안에서 참인 것에 O표 하게 한다.

1 아브라함이 제일 가지고 싶었던 것은 무엇일까요?

자녀 또는 상속자 (창 15:2~3)

2 하나님은 아브라함에게 무엇을 보라고 하셨나요?

별 (창 15:5)

3 아브라함은 하나님을 믿었나요, 의심했나요?

하나님을 믿었다 (창 15:6)

4 하나님은 아브라함의 자손이 다른 나라에서 얼마나 오랫동안 노예 생활을 하게 될 것이라고 말씀하셨나요?

400년 (창 15:13)

5 아브라함이라는 이름은 무슨 뜻인가요?

여러 민족의 아버지 (창 17:5)

참일까 거짓일까?

[준비물] 종이 접시, 유성펜

① 종이 접시의 앞면에는 '참', 뒷면에는 '거짓'이라고 쓰게 한다.

② 질문이 참인지, 거짓인지 접시를 들어 표시하게 한다.

1 아브라함의 원래 이름은 아브람이었고, 사라의 원래 이름은 사래였다. 참 (창 17:5, 15)

2 하나님은 아브라함에게 많은 자손과 큰 집과 복을 주겠다고 약속하셨다. 거짓, 많은 자손과 자손을 위한 땅, 복 (창 12:1~3)

3 하나님은 아브라함의 자손이 야구장의 잔디만큼 많아질 것이라고 말씀하셨다. 거짓, 하늘의 별만큼 (창 15:5)

4 도장과 구름이 아브라함이 하나님께 가져온 동물들 사이를 지나갔다. 거짓, 연기 나는 화로와 타는 횃불 (창 15:17)

5 하나님은 하나님의 백성에게 복을 주겠다는 언약을 맺으셨다. 참

TIP 답을 찾는 속도가 다를 수 있으니 말하지 않고 종이 접시만 든다는 규칙을 정한다.

 탐험하기

하늘의 별을 세어 보아요

[준비물] 학생용 교재 43쪽, 연필

① 그림을 3~5초간 짧게 보여 주고 ☆과 같은 모양의 별은 몇 개나

있을지 어림수를 말해 보게 한다.

② 별을 찾아 ○표 한 뒤별의 개수를 세어 보고 근사치에 도달했는지 살펴본다.

③ 다른 모양의 별을 포함해 별이 모두 몇 개인지 세어 본다.

— 캄캄한 밤에 밖에 나가 하늘의 별을 본 적이 있나요? 여러분은 그 별을 다 셀 수 있었나요? 하나님은 아브라함에게 하늘의 별을 세어 보라고 하셨어요. 물론 아브라함은 세지 못했지요. 하나님은 아브라함에게 밤하늘의 별과 같이 많은 자손을 약속하셨어요. 아브라함의 자손 중에는 어떤 사람들이 있나요? 이삭, 야곱, 다윗, 예수님 등이 있어요.

들리는 대로 믿어요 *

① 아이들을 둥글게 앉힌 뒤 한 아이에게 귓속말로 한 문장을 이야기한다.

② 그 아이는 왼쪽에 있는 친구에게 그 문장을 귓속말로 전달한다.

③ 한 번만 이야기할 수 있으며, 한 바퀴 돌 때까지 계속한다.

④ 마지막 아이에게 들은 것을 크게 말하게 하고, 첫 번째 아이에게 들려준 것과 똑같은 문장인지 확인한다.

예) "하나님은 아브라함을 통해 온 세상에 복을 주겠다고 약속하셨어요", "예수님은 이 세상이 받을 수 있는 가장 큰 복이세요", "하나님은 아브라함과 언약을 맺으셨어요.", "언약이란 절대 깨어지지 않는 약속이에요", "하나님은 결코 약속을 어기지 않으시며, 언제나 신실하세요" 등.

— 우리는 가끔 들은 대로 믿지 못할 때가 있어요. 그 말이 옳은지 그른지 모를 수도 있고요. **하나님은 아브라함을 통해 온 세상에 복을 주겠다고 약속하셨어요.** 하지만 아브라함과 그의 아내는 나이가 아주 많았고, 아이도 아직 없었어요. 그런 아브라함의 자손이 하늘의 별처럼 많아지게 하는 것은 오직 하나님만 하실 수 있는 불가능한 일이었어요. 그런데 아브라함은 하나님과 하나님의 약속을 믿었어요! 하나님은 언제나 약속을 지키는 분이세요! 우리는 하나님의 약속과 하나님의 말씀인 성경을 언제나 믿을 수 있답니다.

하나님의 약속 *

① 둘씩 짝지어 마주 보게 하고 메시지를 전할 당번을 정한다.

② 메시지를 전하는 아이에게 상대방의 이름을 넣어 "하나님이 ○○○

를 끝까지 사랑하시겠다고 약속하셨어"라고 말하며 새끼손가락을 걸고 → 엄지손가락 바닥으로 도장을 찍고 → 손바닥을 부딪치며 "이 약속은 꼭 지켜질 거야"라고 말하며 마무리하게 한다.

③ 역할을 바꾸어 이번에는 "하나님이 ○○○에게 복을 주겠다고 약속하셨어"라고 말하며 약속 수신호를 반복한 뒤 "이 약속은 꼭 지켜질 거야"라고 말하며 마무리하게 한다.

— **하나님은 아브라함을 통해 온 세상에 복을 주겠다고 약속하셨어요.** 하나님은 언제나 약속을 지키는 분이시기 때문에, 정말로 아브라함을 통해 세상에 복을 주셨어요. 훗날 예수님이 아브라함의 자손으로 오셔서 십자가에서 우리의 죗값을 치르시고 3일 만에 살아나셨어요! 예수님은 우리와 하나님이 다시 올바른 관계가 되도록 해 주셨는데, 이것이야말로 우리가 받을 수 있는 가장 큰 복이랍니다!

보물 상자

나만의 기록장

[준비물] 학생용 교재 44쪽, 연필이나 색연필

하나님이 자신에게 복을 주셨다고 생각하는 것을 그려 보게 한다. 하나님께 받은 복의 목록을 작성하게 해도 좋다. 아이들이 어려워하면 가족이나 자신에게 필요했던 것이 생긴 경우를 생각해 보라고 일러준다.

— **하나님은 아브라함을 통해 온 세상에 복을 주겠다고 약속하셨어요.** 하나님은 이미 우리에게 많은 복을 주셨어요. 그중에서도 가장 큰 복은 예수님이시랍니다!

메시지 카드

이번 주 메시지 카드로 부모님과 함께 오늘 배운 성경 이야기를 나누어 보라고 한다.

기도

약속을 꼭 지켜 주시는 하나님, 감사합니다. 아브라함에게 하셨던 약속대로 우리를 위해 예수님을 보내 주셔서 감사합니다. 약속을 지키시는 하나님을 믿고 의지하는 우리가 되게 해 주세요. 예수님의 이름으로 기도합니다. 아멘.

8

하나님이 아브라함을 시험하셨어요

창 22:1~19

본문 속으로

100살이 훌쩍 넘은 아브라함은 하나님으로부터 또 하나의 메시지를 받았습니다. 그것은 사실 시험이었습니다. 하나님은 아브라함에게 그의 아들, 약속의 아들인 이삭을 하나님이 일러주시는 산으로 데려가서 제물로 바치라고 지시하셨습니다. 그토록 오랜 세월을 기다려 얻은 아들을 말입니다!

그러나 아브라함은 순종했습니다. 아브라함은 다음 날 아침 일찍 일어나 길을 떠났습니다. 혹시 하나님이 마음을 바꾸실지 기다리지도 않고, 나귀에 안장을 얹고 장작을 챙겨 두 종과 아들을 데리고 하나님이 명령하신 대로 길을 떠났습니다. 그들은 사흘 동안 걸어서 하나님이 아브라함에게 제사를 드리라고 말씀하신 산에 도착했습니다. 아브라함은 종들에게 나귀와 함께 기다리라고 말한 뒤에, 이삭과 함께 제사에 필요한 물건들을 들고 산을 올라갔습니다.

이삭은 무엇인가가 빠졌다는 것을 알아차렸습니다. 장작도 있고, 불도 있는데 "어린양은 어디 있습니까?"

라고 이삭이 물었습니다. 아브라함은 하나님이 직접 제물을 준비하실 것이라고 대답했습니다. 그리고 하나님은 정말 그렇게 하셨습니다.

이쯤 되면, 아브라함은 '하나님은 무엇이든 하실 수 있는 분'이라 믿는 최고의 믿음을 가졌다고 할 수 있습니다. 우리는 히브리서 11장 19절을 통해 아브라함의 마음을 조금 엿볼 수 있습니다. "그가 하나님이 능히 이삭을 죽은 자 가운데서 다시 살리실 줄로 생각한지라."

하나님은 이삭 대신 번제물로 드릴 숫양을 준비해 놓으셨습니다. 이삭은 살려 두셨습니다. 예배를 드린 후 아브라함과 이삭은 집으로 돌아왔습니다. 그 예배야말로 대단히 감격스러운 예배였을 것입니다.

● ● 티칭 포인트

우리가 비록 하나님의 계획을 다 이해할 수 없을 때에도 하나님은 늘 선하시고, 신실하시고, 모든 것을 다스리는 분이심을 아이들이 기억할 수 있도록 도와주십시오. 언약을 반드시 지키시는 하나님을 신뢰하는 모범을 보여 주십시오.

신약성경에서 하나님은 세례 요한을 통해 "어린양은 어디 있습니까?"라는 이삭의 질문에 대한 최종적인 대답을 주십니다. "보라 세상 죄를 지고 가는 하나님의 어린양이로다"(요 1:29). 하나님은 아브라함을 위해 숫양을 준비해 두셨지만, 온 인류를 위해서는 자신의 아들 예수 그리스도를 마지막 희생양으로 준비하셨습니다.

주제

아브라함은 하나님의 계획이 이해되지 않을 때에도 하나님을 믿었어요.

가스펠 링크

하나님은 온 인류를 위해서 예수님을 마지막 희생양으로 준비하셨어요.

하나님이 아브라함을 시험하셨어요 창 22:1~19

하나님은 아브라함에게 아들을 주겠다고 하신 약속을 지키셨어요. 이삭이 태어났을 때 아브라함과 그의 아내 사라는 아주 나이가 많았어요. 어느 날 하나님이 아브라함을 시험하셨어요. 하나님은 아브라함이 하나님을 최고로 사랑하는지 확인하기를 원하셨어요. 하나님이 "아브라함아!" 하고 말씀하시자 아브라함은 "내가 여기 있나이다"라고 대답했어요. "네 아들 이삭을 데리고 산으로 가서 나에게 제물로 바쳐라." 하나님이 말씀하셨어요.

제물이란 순종과 사랑, 감사의 마음을 표현하거나 용서를 구하는 마음으로 하나님께 드리는 가치 있는 물건을 말해요. 구약 시대에는 일반적으로 제물을 바치려면 동물을 죽여야만 했어요. 그런데 하나님은 아브라함에게 동물 대신 아들 이삭을 제물로 바치라고 말씀하신 거예요.

아브라함은 하나님께 순종했어요. 그는 다음 날 아침 일찍 일어나 이삭과 두 종을 데리고, 필요한 짐들을 나귀에 싣고 떠났어요. 그들은 사흘 동안 걸어서 하나님이 아브라함에게 제사를 드리라고 말씀하신 산에 도착했어요. 아브라함은 종들에게 나귀와 함께 기다리라고 말한 뒤에, 이삭과 함께 제사에 필요한 물건들을 들고 산을 올라갔어요. 이삭은 무엇인가가 빠졌다는 것을 알아차렸어요. "아버지! 제물로 드릴 어린양은 어디 있나요?" 이에 아브라함이 대답했어요. "어린양은 하나님이 직접 준비하실 거란다."

하나님이 지시하신 곳에 도착하자, 아브라함은 제단을 쌓고 그 위에 장작을 올려놓았어요. 그리고 이삭을 장작 위에 올려놓았지요. 아브라함이 이삭을 죽이려고 하는 순간, 하나님의 천사가 큰 소리로 아브라함을 불렀어요. "아브라함아, 아브라함아!" 아브라함은 멈추었어요. 하나님의 천사는 "아이에게 네 손을 대지 말라. 그에게 아무 일도 하지 말라. 네가 네 아들 독자까지도 내게 아끼지 아니하였으니, 내가 이제야 네가 하나님을 경외하는 줄을 알겠다"라고 말했어요.

아브라함이 눈을 들어 보니, 뿔이 수풀에 걸려 꼼짝 못하고 있는 숫양 한 마리가 있었어요. 아브라함은 이삭 대신 그 숫양을 하나님께 제물로 바치고, 그곳의 이름을 '여호와 이레'라고 지었어요. '여호와 이레'란 '여호와께서 준비하신다'라는 뜻이에요. 천사는 하나님이 아브라함에게 하신 약속을 반드시 지키실 것이라는 확신을 주었어요.

하나님은 아브라함에게 복을 주시고, 그의 자손을 하늘의 별처럼, 바닷가의 모래알처럼 많게 하겠다고 다시 한 번 약속하셨어요. 하나님은 아브라함이 적들에게 승리할 것이며, 온 땅이 아브라함의 자손을 통해 복을 받게 될 것이라고 약속하셨어요.

●● 가스펠 링크

아브라함은 자신의 아들 이삭마저 기꺼이 하나님께 드림으로써 하나님에 대한 자신의 사랑을 보여 드렸어요. 하나님도 같은 방법으로 우리에 대한 하나님의 사랑을 보여 주셨지요. 하나님은 자신의 아들 예수님을 이 땅에 보내셔서 십자가에서 죽게 하심으로 우리가 영생을 얻을 수 있게 해 주셨어요.

가스펠 준비 10~20분

 환영

도착하는 아이들을 반갑게 맞이하고 헌금, 출석, QT 등을 확인하며 격려한다. 편안한 분위기에서 안부를 물으며 오늘의 말씀과 관련된 화제로 이야기를 나눈다. 자발적으로 대화에 참여하도록 이끈다.

예) "부모님이나 선생님의 말씀에 불순종한 적이 있나요?", "따르기 힘들고 어려웠지만 어른들께 순종했던 경험이 있나요?" 등.

♥ 마음 열기

나처럼 해 봐요, 이렇게! *

① 아이들에게 "나처럼 해 봐요, 이렇게!" 동요를 알려 준다.

② 노래에 맞추어 인도자의 행동을 그대로 따라 하게 한다.

③ 쉬운 동작부터 시작해 점점 어려운 동작으로 바꾼다.

④ 마지막 동작은 따라 하기에 아주 어렵고 황당무계해 보이는 것으로 한다.

예) 나처럼 해 봐요 (양손 엄지로 자신을 가리키며)
  이렇게1 (양팔을 벌린 채 뛰며)
  이렇게2 (뒤로 돌아서 엉덩이를 흔들며)
  이렇게3 (손으로 V자를 만들어 뛰며)
  아이참재미있다. (주먹을 쥐고 빙빙 돌면서)

TIP 따라 하기 어렵거나 웃긴 동작을 취해 아이들이 충분히 어렵게 느끼게 해야 한다 (뽀잉 율동 동요 참고, https://www.youtube.com/watch?v=XtWX6kBtoYo).

─── 친구들, 이 동작은 따라 하기가 너무 어렵지요? 그런데 오늘 아브라함도 이해하기 어렵고 따라 하기 힘든 하나님의 명령을 순종하며 따랐대요. 하나님이 아브라함에게 도대체 어떤 명령을 내리셨는지 오늘 같이 배워 보기로 해요.

너라면 어떻게 하겠니? *

[준비물] 노란색 도화지, 파란색 도화지, 셀로판테이프

① 예배실 한쪽 벽에는 노란색 도화지를, 반대편 벽에는 파란색 도화지를 셀로판테이프로 붙인다.

② 인도자가 가상의 상황을 읽어 주면, 아이들은 자신이 선택한 반응대로 각각의 벽 앞으로 움직인다.

예) 1. 하나님은 여러분이 친구에게 하나님에 대해 이야기하기를 바라세요. 여러분이라면 친구에게 이야기할까요(노란색), 긴장해서 아무 말도 못할까요(파란색)?
  2. 성경은 우리가 부모님께 순종해야 한다고 말해요. 그런데 부모님이 내가 하기 싫은 일을 시키실 때 여러분이라면 그냥 모르는 척할까요(노란색), 말씀대로 순종할까요(파란색)?
  3. 여러분 생각에 옳지 않은 일을 친구가 자꾸 하자고 해요. 여러분이라면 멋있어 보이려고 나쁜 일을 해 버릴까요(노란색), 옳은 일을 할까요(파란색)?

─── 하나님은 아브라함에게 어려워 보이는 일을 시키셨어요. **아브라함은 하나님의 계획이 이해되지 않을 때에도 하나님을 믿었어요.** 하나님이 아브라함에게 어떤 명령을 내리셨는지 오늘 같이 배워 보기로 해요.

어린양은 어디 있나요? *

[준비물] 어린양 인형이나 어린양을 상징하는 물체, 알맞은 크기의 상자(또는 불투명한 컵) 3개

① 어린양 인형이나 어린양을 상징하는 물체를 3개의 상자 중 하나에 넣는다. 상자를 이리저리 움직인 후 어린양이 어디에 있는지 알아맞히게 한다.

② 상자를 다시 섞은 후 "어린양은 어디 있나요?"라는 질문을 반복하고, 정답을 맞히면 살아남는 방식으로 최종 우승자 한 명이 남을 때까지 진행한다.

─── 어때요? 친구들, 어린양이 어디 있는지 찾기가 쉽지 않았지요! 그런데 오늘 성경 이야기에서 이삭도 같은 질문을 했어요. "어린양은 어디 있나요?"라고 말이에요. 무슨 일이 있었는지 귀 기울여 보세요.

가스펠 설교 15~30분

들어가기

결혼식에 가는 차림으로 등장한다.

안녕하세요, 여러분! 아직 결혼식장에 계셨네요. 결혼식이 이렇게 진행될 줄은 저도 몰랐어요. 지난주에 우리가 같이 있을 때 끝날 줄 알았는데, 알고 보니 다음 주에야 시작한다는 거예요. 그래도 우리가 그만큼 오랫동안 축하해 줄 수 있으니 기쁘기는 해요. 결혼식은 우리를 향한 하나님의 사랑과 헌신을 나타내는 예식으로서, 무척 중요한 일이니까요.

연대표

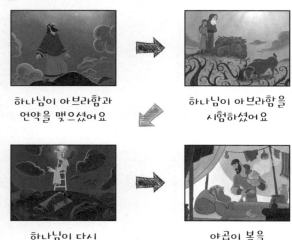

하나님이 아브라함과 언약을 맺으셨어요 → 하나님이 아브라함을 시험하셨어요

하나님이 다시 약속하셨어요 → 야곱이 복을 가로챘어요

배운 것을 복습해 보아요. 아브라함의 이야기가 어떻게 시작하는지 기억나요? 아브라함은 하나님을 믿었고, **하나님은 아브라함을 통해 온 세상에 복을 주겠다고 약속하셨어요.** 아브라함과 그의 아내 사라는 나이가 매우 많았지만, 하나님은 항상 약속을 지키는 분이시라는 것을 알았기 때문에, 자신들에게 하늘의 별과 같이 수많은 자손을 주실 것이라고 믿었어요. 하나님은 아브라함과 사라에게 아들을 주셨고, 그들은 아기의 이름을 '이삭'이라고 지었어요.

성경의 초점

아브라함이 그렇게 오랫동안 기다려 온 아들이었는데, 하나님은 이삭을 하나님께 바치라고 하셨어요. 이 일은 아브라함에게 굉장히 어려웠지만, 아브라함은 하나님을 믿어도 된다는 것을 알았어요. 하나님이 이미 아브라함에게 아들을 주겠다는 약속을 지키셨으니, 분명히 다른 약속도 지키실 것이라고 생각한 것이지요. **하나님은 무엇을 약속하셨나요? 하나님은 하나님의 백성에게 복을 주겠다고 약속하셨어요.** 오늘 이야기에서도 그 약속은 이어진답니다.

성경 이야기

돌덩이와 나뭇가지를 아이들 앞에 쌓아 둔다.

우리는 하나님에 관해, 그리고 하나님에 대한 아브라함의 믿음에 관해 더 배울 수 있을 거예요. 하나님은 아브라함에게 별과 같이 수많은 자손을 주겠다는 언약을 하셨어요. 다른 말로 하면, 약속을 하셨지요. 또 **하나님은 아브라함을 통해 온 세상에 복을 주겠다는 약속도 하셨어요.** 오늘 이야기에서 **아브라함은 하나님의 계획이 이해되지 않을 때에도 하나님을 믿었답니다.**

창세기 22장을 펴고, 설교 영상(지도자용 팩)을 보여 주거나 이야기 성경을 들려준다.

지난주에는 하나님이 아브라함에게 하늘의 별들만큼 많은 자손을 주겠다고 하신 약속을 배웠어요. 하나님은 그 약속을 지키셔서 아브라함과 사라에게 아들을 주셨고, 그들은 아들의 이름을 '이삭'이라고 지었답니다. 아브라함은 이 약속을 믿고 오랫동안 기다려 왔었지요. 그런데 하나님이 아브라함에게 이삭을 어떤 산으로 데리고 올라가 하나님께 제물로 바치라고 말씀하셨어요.

이삭은 하나님이 아브라함에게 약속하신 아들이었고, 아브라함은 하나님이 결코 약속을 깨뜨리는 분이 아니시라고 믿었어요. 아브라함은 하나님이 무슨 계획을 갖고 계신지 알 수 없었지만, 하나님이 이삭을 돌보아 주실 것이라고 믿었지요. 히브리서 11장 19절을 보면, 아브라함은 하나님이 죽은 자 가운데서도 능히 이삭을 살리실 수 있다는 것을 알았다고 해요. 다행히도 이번 시험에서는 아브라함이 실제로 이삭을 죽이는 일까지는 일어나지 않았어요.

아브라함과 이삭은 제사를 드릴 곳에 도착해 제단을 쌓았어요. 아브라함이 이삭을 제물로 바치려고 하자 천사가 나타나 아브라함을 막았고, 하나님은 숫양 한 마리를 준비해 두셨지요. 아브라함은 하나님의 계획을 이해할 수 없었지만, 하나님이 반드시 약속을 지키실 것을 믿고 순종했답니다.

복/습/질/문

1 하나님은 아브라함에게 어떤 명령을 내리셨나요?

이삭을 산으로 데려가 하나님께 제물로 바치라고 하셨다 (창 22:2)

2 아브라함은 하나님의 요청에 어떻게 반응했나요?

순종했다 (창 22:3~6)

3 하나님은 아브라함과 이삭을 위해 무엇을 준비하셨나요?

제물로 드릴 숫양 한 마리 (창 22:13)

4 하나님은 무엇을 약속하셨나요?

하나님은 하나님의 백성에게 복을 주겠다고 약속하셨어요.

 ## 찬양

 약속

모든 사람 주 떠나가고 / 주의 말씀을 따르지 않아도 /
우리 주님은 언제나 기억하지요 / 영원한 하나님의 약속 /

많은 세월이 지나간대도 / 어느 누구도 기억하지 못해도 /
우리 주님은 반드시 이루시지요 / 신실한 하나님의 약속 /

이제 나는 알 수 있어요 / 하나님 놀라운 은혜 /
우리를 구원하시는 / 예수 나의 주님 /

이제 주님만 사랑하기 원해요 /
이제 주님만 닮아 가길 원해요 /
우리 주님은 날 새롭게 하셨지요 /
언제나 늘 함께하시지요 /
언제나 주 함께하시지요 /

영원히 주만 사랑해요 /

※지도자용 팩 또는 가스펠 프로젝트 홈페이지(gospelproject.co.kr)에서 이용하세요.

 ## 복음 초청

성경과 35쪽 복음 초청 가이드를 이용해서 아이들에게 그리스도인이 되는 법을 설명해 준다. 따로 상담해 줄 사람을 정해 주고 궁금한 점이 있으면 물어보도록 격려한다.

이 시간 예수님을 마음에 모시고 싶은 친구는 함께 기도해요.

 ## 기도

예수님을 통해서 놀라운 계획을 이루신 하나님, 감사합니다. 이 시간 예수님을 마음에 초대하기 원하는 친구가 있습니다. 찾아와 주시고 모든 죄를 용서해 주세요. 하나님, 예수님을 보내셔서 우리의 죄를 용서받게 해 주신 것을 감사드립니다. 하나님의 약속은 모두 진실하다는 것을 우리가 믿을 수 있도록 도와주세요. 예수님의 이름으로 기도합니다. 아멘.

 ## 적용

TIP 설교 도입이나 적용으로 활용하거나 영상을 본 뒤 소그룹에서 풍성한 대화를 이어 갈 수 있습니다.

아브라함은 하나님의 계획이 이해되지 않을 때에도 하나님을 믿었어요. 하나님은 아브라함과 이후 모든 하나님의 백성에게 예수님이 오시면 어떤 일이 일어날지를 상징적으로 보여 주셨어요. 죄에 대한 벌은 죽음이고, 우리는 마땅히 그 벌을 받아야 되는 사람들이에요. 그런데도 하나님은 우리 대신 예수님이 벌을 받으시도록 준비해 두셨어요. 하나님은 자신이 믿어도 되는 분임을 계속해서 보여 주셨어요. 하나님은 항상 약속을 지키시니까요! 영상을 보고 나서, 우리가 누구를 믿을 수 있는지에 대해 이야기해 보기로 해요.

적용 예화 영상(지도자용 팩)을 보여 준다.

제이콥의 친구들은 제이콥을 믿어야 했을까요? 여러분은 누구를 믿어야 할지 어떻게 아나요? 우리는 하나님이 항상 약속을 지키시며, 우리가 믿어도 되는 분이시라는 것을 알고 있어요. 하나님의 계획이 이해되지 않을 때에도 말이지요. 어떻게 하면 하나님을 더 많이 믿을 수 있을까요?

가스펠 소그룹

 10~20분

 ## 나침반

주제를 맞혀라

[준비물] 다트 판(127쪽), 학생용 교재 48쪽, 연필, 다트 화살

> 아 브 라 함 은 하 나 님 의 계 획 이
> 이 해 되 지 않 을 때 에 도
> 하 나 님 을 믿 었 어 요 .

TIP 다트 판을 크게 만들어 다트 화살을 던지거나 학생용 교재 48쪽을 활용해 동전 (또는 바둑돌)을 튕기는 방식으로 게임을 진행한다.

① 8과의 주제 "아브라함은 하나님의 계획이 이해되지 않을 때에도 하나님을 믿었어요"를 함께 외치고 게임을 시작한다.

② 다트 화살이 명중한 단어를 빈칸에 알맞게 적는다.

③ 중앙을 맞추면 원하는 단어를 선택할 수 있다.

④ 한 팀당 한 번씩 번갈아 가며 다트 화살을 던질 수 있으며, 먼저 오늘의 주제를 배열해 완성한 팀이 승리한다.

—— 아브라함이 하나님을 믿었고, 이 믿음 때문에 하나님은 아브라함을 의롭다고 여기셨어요. 그렇다고 아브라함이 한 번도 잘못한 적이 없다는 말은 아니에요. 오히려 하나님이 아브라함을 용서하기로 결심하셨다는 말이지요. 왜냐하면 하나님은 예수님을 이 땅에 보내서, 예수님을 믿는 사람이라면 누구의 죄라도 영원히 없애 주기로 결정하셨기 때문이에요. 우리가 예수님을 믿으면 우리에게 예수님의 의로

움이 주어져요. 예수님이 십자가에서 우리의 죗값을 치르셨기 때문에, 하나님은 마치 우리가 아무 죄도 짓지 않은 것처럼 여기시는 거예요.

보물 지도

연대표

[준비물] 학생용 교재 94~95쪽

① 연대표를 사용해 오늘의 성경 이야기의 위치를 보여 준다.

② 지난 시간에 배운 아브라함과 하나님의 언약에 대한 이야기를 복습한다.

성경 복습

[준비물] 성경

아이들 모두 창세기 22장을 펼치고 질문에 답하게 한다.

1 아브라함과 사라의 아들은 누구인가요?

이삭 (창 22:2)

2 하나님은 아브라함에게 이삭을 어떻게 하라고 하셨나요?

하나님께 제물로 바치라고 하셨다 (창 22:2)

3 아브라함과 이삭이 제사를 드리러 간 곳은 어디였나요?

산 (창 22:9)

4 이삭이 어린양이 어디 있냐고 물었을 때 아브라함은 무엇이라고 대답했나요?

하나님이 어린양을 준비하실 것이다 (창 22:8)

5 이삭이 제단 위에 있을 때 누가 아브라함을 막았나요?

여호와의 사자 (창 22:11)

6 하나님은 이삭 대신 무엇을 제물로 준비하셨나요?

숫양 한 마리 (창 22:13)

7 하나님은 무엇을 약속하셨나요?

하나님은 하나님의 백성에게 복을 주겠다고 약속하셨어요.

 ## 탐험하기

제물은 어디에?

[준비물] 학생용 교재 49쪽, 색연필

① 숫자에 알맞은 색으로 빈칸을 색칠해 그림을 완성하게 한다.

TIP 스피드 게임으로 진행하면 재미를 더할 수 있다.

② 그림이 완성되면 어떤 상황인지에 대해 이야기를 나누어 본다.

— 수풀 속에 무엇이 있었나요? 숫양이 있었지요. 하나님은 아브라함에게 조금 힘든 일을 시키셨어요. 하지만 아브라함은 하나님이 언제나 신실한 분이시라는 것을 알았기 때문에, 정확하게 하나님이 말씀하신 대로 순종했어요. 그리고 하나님은 아브라함을 위해 제물을 준비하셨지요.

예수님이 가라사대 *

① 인도자가 지시하는 행동을 따라 해야 하는 규칙을 설명한다. '예수님이 가라사대'라는 말이 떨어진 이후의 지시만 따라야 한다고 알려준다.

② '예수님이 가라사대'라는 말이 떨어진 이후의 지시를 따르지 않거나, '예수님이 가라사대'라는 말이 없는 지시를 따르는 경우 탈락한다.

예) "지금부터 '예수님이 가라사대' 게임을 시작하겠습니다. 시작하기에 앞서 열심히 하겠다는 의미에서 차렷! 경례!" (인사한 사람 탈락), "예수님이 가라사대 두 손을 올리세요. 내리세요" (손을 내린 사람 탈락), "예수님이 가라사대 앉았다 일어서세요. 남은 친구들이 이겼어요. 앞으로 나오세요" (앞으로 나온 사람 탈락) 등.

③ '예수님이 가라사대'라는 말을 한 후 따라 하기 어려운 동작을 지시한다. 이를 통해 이해하지 못해도 순종하는 태도를 가르쳐 줄 수 있다.

— 몇몇 동작들은 전혀 말이 안 되는 것들이었지만, 여러분은 예수님의 말씀에 따랐어요. **아브라함도 하나님의 계획이 이해되지 않을 때에도 하나님을 믿었답니다.** 우리는 하나님의 계획이 이해되지 않을 때에도 하나님을 믿을 수 있어요. 하나님은 선하시고 신실하시기 때문이지요. 하나님은 사람들을 사랑하시고, 하나님을 믿는 사람들을 보살펴 주겠다고 약속하셨어요. 우리는 도무지 말이 안 돼 보이는 상황에서도, 하나님이 언제나 우리에게 가장 좋은 일을 하실 것이라고 믿을 수 있어요.

🧰 보물 상자

나만의 기록장

[준비물] 학생용 교재 50쪽, 연필이나 색연필

① 자기가 가장 소중하게 생각하는 다섯 가지를 그리거나 글로 적어 보게 한다.

② 만약 하나님이 그 다섯 가지를 바치라고 하신다면 기분이 어떨지 물어본다.

③ 아브라함은 어떤 마음이었을지 생각해 보고 아브라함의 마음을 한두 문장으로 표현해 보게 한다.

④ 아래에 "나는 하나님을 믿을 수 있어요."라는 글씨를 진하게 따라 쓰게 한다.

— **아브라함은 하나님의 계획이 이해되지 않을 때에도 하나님을 믿었어요.** 마찬가지로 우리도 어떤 상황에서도 하나님을 믿을 수 있답니다. 우리는 하나님이 우리에게 언제나 신실하실 것이라고 믿어야 해요. 하나님은 하나님의 백성에게 언제나 신실하셨으니까요. 성경은 하나님이 우리를 늘 선하게 대하실 것이라고 가르쳐 주고 있지요.

메시지 카드

이번 주 메시지 카드로 부모님과 함께 오늘 배운 성경 이야기를 나누어 보라고 한다.

기도

하나님, 오늘 예배를 통해 귀한 말씀을 깨닫게 해 주셔서 감사합니다. 예수님을 통해 하나님이 하실 일을 우리에게 알려 주셔서 감사합니다. 우리가 비록 하나님의 계획을 이해할 수 없을 때에라도 하나님은 늘 선하시고, 신실하시고, 모든 것을 다스리시는 분이심을 기억할 수 있도록 도와주세요. 아브라함처럼 이해할 수 없을 때에도 언제나 하나님께 순종하며 믿음으로 나아갈 수 있도록 도와주세요. 예수님의 이름으로 기도합니다. 아멘.

9

하나님이 다시 약속하셨어요

창 25:19~26, 26:1~6, 28:10~22

성경의 초점

하나님은 무엇을 약속을 하셨나요? 하나님은 하나님의 백성에게 복을 주겠다고 약속하셨어요.

본문 속으로

아브라함과 언약을 맺으시면서, 하나님은 아브라함에게 땅과 자손과 이 세상 모든 나라에 대한 복을 약속하셨습니다(창 28:13~14). 하나님은 아브라함의 아들 이삭과 손자 야곱에게도 같은 약속을 하셨습니다(창 26:3~4, 28:13~14).

하나님은 아브라함과 그의 자손에게 계획을 가지고 계셨습니다. 이삭의 아내 리브가가 쌍둥이를 임신했을 때, 아기들은 리브가의 배 속에서 서로 다투었습니다. 하나님은 리브가에게 그들의 미래에 대해 설명해 주셨습니다. "큰 자(에서)가 작은 자(야곱)를 섬기게 될 것이다. 그들의 자손은 나뉘어 두 개의 큰 나라가 될 것이며, 야곱의 자손이 에서의 자손보다 더 강할 것이다."

이 말씀은 그대로 이루어졌습니다. 에서와 야곱은 사이가 좋지 않았습니다. 야곱은 아버지와 형을 속이고 당연히 장자에게 돌아갈 복을 가로챘습니다. 야곱은 형의 분노를 피해 외삼촌의 집으로 도망갔습니다.

도망가는 여정에서, 하나님은 꿈을 통해 야곱에게 말씀하셨습니다. 야곱은 하늘까지 닿는 사다리를 보았고, 하나님의 음성을 들었습니다. 하나님은 아브라함에게 하신 약속을 야곱에게도 하셨고, 그가 어디를 가든지 함께하겠다는 약속도 하셨습니다. 야곱은 한 나라의 조상이 될 것이었습니다. 그는 아들을 열두 명 낳을 것이고, 그 아들들은 이스라엘 열두 지파의 시조가 될 것이기 때문입니다. 하나님은 이스라엘이라는 이 나라를 통해 아브라함과 이삭, 야곱에게 하신 약속을 지키실 것입니다. 이 나라를 통해 아들 예수님을 온 세상의 구주로 보내실 것입니다.

바벨탑을 짓던 사람들을 떠올려 보십시오. 사람들은 꼭대기가 하늘까지 닿는 높은 탑을 쌓고자 했지만, 실패로 끝나고 말았습니다. 그러나 예수님은 하늘과 땅 사이를 연결하는 다리가 되십니다(요 1:51 참조). 야곱이 꿈에서 본 사다리처럼 말입니다.

● ● 티칭 포인트

아이들에게 약속을 지키시는 하나님을 소개해 주십시오. 하나님의 약속대로 성자 하나님이 이 땅에 아기로 오셨습니다. 그분은 임마누엘, 즉 '우리와 함께하시는 하나님'이십니다. 예수님은 죄인들을 구하시기 위해 세상으로 내려오셨습니다. 죄는 하나님과 사람 사이를 갈라놓았지만, 사람들이 그들의 죄에서 돌이켜 예수님을 믿으면 예수님은 그들을 하나님의 가족이 되게 하십니다.

주제

하나님은 자신이 언제나 약속을 지키시는 분임을 아브라함의 자손에게 알려 주셨어요.

가스펠 링크

예수님은 모든 하나님의 백성에게 구원과 구속을 베푸시려는 하나님의 계획을 이루셨어요.

---
†

하나님이 다시 약속하셨어요 창 25:19~26, 26:1~6, 28:10~22

아브라함의 아들인 이삭은 리브가와 결혼했어요. 그런데 결혼한 지 몇 년이 지났지만 리브가에게 아기가 생기지 않았어요. 이삭은 아기를 달라고 하나님께 기도했어요. 하나님은 이삭의 기도를 들어주셨고, 리브가는 쌍둥이를 임신했어요. 그런데 두 아기가 리브가의 배 속에서 싸우는 거예요. 리브가는 걱정이 되어서 하나님께 여쭈었어요. "왜 이런 일이 일어나는 것입니까?" 하나님은 리브가에게 하나님의 특별한 계획을 알려 주셨어요. "두 민족이 너에게서 나올 것이다. 두 아이의 자손은 두 개의 나라로 나누어질 것이다. 한 나라가 다른 나라보다 강할 것이며, 큰 자가 작은 자를 섬기게 될 것이다."

이것은 보통의 가족에게 흔히 일어나는 일이 아니었어요. 아브라함의 가족에게만 하나님이 특별히 계획하신 일이었지요. 마침내 쌍둥이가 태어났어요. 형은 몸이 붉고 털이 많아 이름을 '에서'라고 지었어요. 동생은 에서의 발뒤꿈치를 잡고 나왔기 때문에 이름을 '야곱'이라고 지었어요. 하나님은 이삭에게 이삭과 그의 후손에 관한 특별한 말씀을 전해 주셨어요. 하나님은 이삭의 아버지 아브라함과 맺으신 언약을 이삭과도 맺으셨어요. "이 모든 땅을 너와 네 자손에게 주겠다. 네 자손은 하늘의 별과 같이 많아질 것이다. 땅의 모든 나라가 네 자손을 통해 복을 받게 될 것이다. 네 아버지 아브라함이 내 목소리를 들었고, 내 말에 순종했기 때문이다."

몇 년이 흐른 후, 이삭의 아들인 에서와 야곱은 크게 다투었어요. 야곱이 이삭을 속이고 에서의 복을 가로챘기 때문이었지요. 야곱은 목숨을 구하기 위해 가족을 떠나야 했어요. 외삼촌 라반의 집으로 도망가는 길에, 들에서 돌베개를 베고 하룻밤을 보내던 야곱은 꿈속에서 하늘까지 닿는 사다리를 보았어요. 천사들이 그 사다리 위를 오르락내리락하고 있었어요. 그리고 사다리 위에서 하나님이 야곱에게 말씀하셨어요. "나는 네 할아버지 아브라함의 하나님이요, 네 아버지 이삭의 하나님이다. 네가 잠들어 있는 그 땅을 내가 너와 네 자손에게 주겠다." 하나님은 아브라함과 맺으신 언약을 아브라함의 손자인 야곱과도 맺으셨어요. 하나님은 야곱의 자손이 땅의 티끌만큼 많아져 동서남북으로 퍼져 나갈 것이며, 땅의 모든 민족이 야곱의 자손을 통해 복을 받게 될 것이라고 하셨어요. 하나님은 야곱과 함께하겠다고도 약속하셨어요. 야곱이 잠에서 깨어 말했어요. "하나님은 분명히 여기 계시다. 참으로 놀라운 곳이구나!"

다음 날 아침 일찍, 야곱은 자기가 베고 잤던 돌 위에 기름을 부었어요. 하나님이 앞으로 일어날 계획을 자신에게 말씀하신 장소를 기억하기 위해서였지요. 야곱은 그곳을 '벧엘'이라고 불렀어요. 야곱은 하나님이 약속을 지켜 주시면 자신도 하나님을 따르며 하나님께 영광을 돌리겠다고 약속했어요.

● ● 가스펠 링크

하나님이 아브라함에게 주신 놀라운 계획은 아브라함이 죽은 뒤에도 계속 이어졌어요. 이 계획은 리브가와 이삭, 야곱을 거쳐 마침내는 한 나라 전체로 이어졌어요. 마침내 아기 예수님이 태어나실 때까지 말이지요. 예수님은 모든 하나님의 백성에게 구원과 구속을 베푸시려는 하나님의 계획을 이루셨어요.

가스펠 준비 10~20분

환영

도착하는 아이들을 반갑게 맞이하고 헌금, 출석, QT 등을 확인하며 격려한다. 학생용 교재의 성경 이야기 그림을 색칠하며 오늘의 말씀을 기대하게 해도 좋다. 편안한 분위기에서 안부를 물으며 오늘의 말씀과 관련된 화제로 이야기를 나눈다. 자발적으로 대화에 참여하도록 이끈다.

예) "어젯밤 혹시 좋은 꿈을 꾸었나요?", "기억에 남는 꿈이 있다면 친구들에게 소개해 주세요" 등.

마음 열기

할아버지 소개하기 *

① 아이들에게 자신의 할아버지는 어떤 분이신지 이야기해 보게 한다.
② 할아버지의 어떤 점이 좋은지, 앞으로 어른으로 성장하면서 꼭 닮고 싶은 점이 있는지 물어본다.

— 오늘 우리는 아브라함의 손자들이 태어나던 때의 이야기를 배워 볼 거예요. 하나님이 아브라함에게 하신 약속은 아브라함만을 위한 것이 아니었답니다. 그것은 아브라함의 자손 모두를 위한 것이었지요. 하나님은 계속해서 아브라함의 자손을 돌보셨고, 하나님의 약속을 그들에게도 지키셨어요. 하나님이 아브라함의 자손에게 무엇을 가르쳐 주셨는지 오늘 같이 배워 보기로 해요!

야곱의 사다리 *

[준비물] 박스 테이프

① 바닥에 박스 테이프로 사다리 모양을 만든다. 먼저 5m 정도의 긴 다리 두 줄을 간격이 50cm 정도 되게 평행하게 붙인다.
② 긴 다리 사이에 40cm 정도 간격으로 발 디딤판을 테이프를 가로질러 붙여 사다리 모양을 완성한다.
③ 아이들에게 사다리를 건너는 방법을 알려 주고, 각각 다른 방법으로 건너도록 지시한다.

예) 한 발로 뛰기, 곰처럼 기어가기, 한 칸씩 건너뛰기, 거꾸로 걷기 등.

— 오늘 이야기에서 아브라함의 손자인 야곱은 하늘까지 닿는 사다리를 보았어요. 하나님은 아브라함의 자손인 야곱과 야곱의 가족에게 특별한 계획을 가지고 계셨어요. 언젠가 예수님이 야곱의 자손으로 오시게 될 거예요. 오늘 성경 이야기에서 **하나님은 자신이 언제나 약속을 지키시는 분임을 아브라함의 자손에게 알려 주셨어요.**

믿음의 사슬 *

[준비물] 3~5cm 너비로 길게 자른 색도화지 여러 장, 셀로판테이프 또는 풀

① 길게 자른 색도화지에 아브라함으로부터 시작해 그 자손을 순서대로 쓰게 한다. 색도화지 한 장당 한 명의 이름을 쓴다. 마태복음 1장을 참고한다. 마지막에는 아이들의 이름을 쓸 수도 있다.

예) 아브라함 - 이삭 - 야곱 - 유다 - 다윗 - 솔로몬 - 요셉 - 예수님 - 아이 이름

② 이름 순서대로 색도화지를 둥글게 말아 셀로판테이프나 풀로 고정해 고리로 만들고 다음 색도화지를 고리에 끼워 붙이는 것을 반복해 사슬 모양을 만든다.

— 하나님은 아브라함에게 아브라함의 자손을 통해 온 세상에 복을 주겠다고 약속하셨어요. 이 약속은 이삭과 야곱에게도 이어졌어요. 언젠가 예수님은 야곱의 자손으로 이 세상에 오실 것이고, 예수님을 통해 온 세상이 복을 받게 될 거예요! 우리도 바로 이 복을 받은 것이랍니다. 예수님의 죽음과 부활 때문에 우리도 하나님이 주신 최고의 복을 경험할 수 있게 되었어요.

가스펠 설교

들어가기

결혼식에 가는 차림으로 등장한다.

자, 드디어 결혼식이군요! 지난 2주일 동안 축하 행사가 어마어마했지요? 여러분도 충분히 즐거우셨기를 바라요. 하지만 오늘이야말로 아주 특별한 날이랍니다. 바로 오늘 신랑과 신부가 서로와 하나님께 평생 사랑하며 살겠다는 언약을 하게 될 테니까요. 언약은 아주 중요해요. 그냥 약속보다 훨씬 대단한 것이지요. 언약은 하나님 앞에서 맺는 것이고, 하나님이 도와주시기에 결코 깨어지지 않는 것이랍니다. 하지만 결혼 언약에 앞서 오늘 성경 이야기를 듣고 아브라함의 손자들에 대해 배워 보기로 해요.

연대표

하나님이 아브라함과 언약을 맺으셨어요	하나님이 아브라함을 시험하셨어요
하나님이 다시 약속하셨어요	야곱이 복을 가로챘어요
하나님이 야곱에게 새 이름을 주셨어요	요셉이 이집트로 팔려 갔어요

지난 2주 동안 아브라함에 대해 배웠던 내용을 기억하나요?

하나님은 아브라함에게 언약을 주셨어요. **하나님은 무엇을 약속하셨나요? 하나님은 하나님의 백성에게 복을 주겠다고 약속하셨어요.** 하나님은 아브라함에게 그의 자손이 하늘의 별들과 같이 많아질 것이라고 말씀하셨어요.

7과 "하나님이 아브라함과 언약을 맺으셨어요" 그림을 가리킨다.

하나님은 아브라함을 통해 온 세상에 복을 주겠다고 약속하셨어요. 그런 다음, 하나님은 아브라함에게 아들을 주셨어요. 그의 이름은 이삭이에요. 하나님은 아브라함에게 아들 이삭을 하나님께 제물로 바치라고 말씀하셨어요. 아브라함은 오랫동안 아들을 기다려 왔고, 이삭이 자신에게 많은 자손을 주시겠다는 하나님의 약속의 일부라는 것도 알고 있었어요. **아브라함은 하나님의 계획이 이해되지 않을 때에도 하나님을 믿었어요.** 아브라함이 하나님의 말씀에 순종하자, 하나님은 이삭을 제물로 요구하시지 않고 숫양을 대신 준비해 주셨어요.

나중에 이삭은 리브가와 결혼해 쌍둥이 형제를 낳았어요. 아이들의 이름은 야곱과 에서예요.

성경의 초점

야곱의 꿈을 통해 **하나님은 자신이 언제나 약속을 지키시는 분임을 아브라함의 자손에게 알려 주셨어요.** 이 사건을 보면 오래전 하나님이 아브라함에게 하신 약속이 떠올라요. 하나님은 이미 아브라함과 이삭, 야곱에게 그 약속을 지키고 계셨지요. **하나님은 무엇을 약속하셨나요? 하나님은 하나님의 백성에게 복을 주겠다고 약속하셨어요.** 오늘 우리는 이 약속을 다시 해 주시는 하나님에 대해 배울 거예요!

성경 이야기

오늘의 성경 이야기는 창세기 25~28장에 나와요. 우리는 계속해서 하나님이 아브라함과 그의 모든 자손에게 하신 약속에 대해 배우고 있어요. **하나님은 무엇을 약속하셨나요? 하나님은 하나님의 백성에게 복을 주겠다고 약속하셨어요.** 이 이야기를 잘 듣고 하나님이 예전에 하신 약속을 아브라함의 자손에게 어떻게 다시 깨우쳐 주셨는지 보기로 해요.

창세기 25~28장을 펴고, 설교 영상(지도자용 팩)을 보여 주거나 이야기 성경을 들려준다.

하나님은 무엇을 약속하셨나요? 하나님은 아브라함을 통해 **하나님의 백성에게 복을 주겠다고 약속하셨어요.** 이 약속은 아브라함만 위한 것이 아니라 아브라함 이후 하나님을 사랑하고 믿는 모든 사람을 위한 것이었어요. 아브라함의 자녀들과 그 자녀들의 자녀들을 위한 것이었지요.

하나님이 야곱에게 꿈을 주셨을 때 야곱은 그다지 좋은 상황이 아니었어요. 목숨을 잃을까 봐 두려워 외삼촌 집으로 도망가던 중이었지요. 하나님은 그런 야곱에게 그가 어디로 가든 함께하겠다고 약속해 주셨어요. 야곱의 자손은 셀 수 없이 많아질 것이고 온 땅에 퍼져 나갈 것이라고도 하셨지요. **하나님은 자신이 언제나 약속을 지키시는 분임을 아브라함의 자손에게 알려 주신 거예요.**

복/습/질/문

1 이삭과 리브가의 아들들은 누구인가요?

야곱과 에서 (창 25:25~26)

2 하나님은 이삭에게 어떤 약속을 하셨나요?

이삭의 자손이 하늘의 별과 같이 많아질 것이라고 말씀하셨다. 아브라함이 하나님의 말씀을 듣고 순종했기 때문에 모든 나라가 복을 받게 될 것이라고 말씀하셨다 (창 26:4~5)

3 야곱의 꿈에서 어떤 일이 일어났나요?

하늘까지 닿는 사다리 위를 천사들이 오르락내리락하고 있었다. 그런 다음 하나님의 목소리가 들렸다. 하나님은 야곱에게 야곱이 잠들어 있는 그 땅을 주겠다고 말씀하셨다. 하나님은 아브라함과 맺으셨던 언약을 야곱과도 맺으셨다 (창 28:12~15)

4 하나님은 무엇을 약속하셨나요?

하나님은 하나님의 백성에게 복을 주겠다고 약속하셨어요.

✝ 복음 초청

성경과 35쪽 복음 초청 가이드를 이용해서 아이들에게 그리스도인이 되는 법을 설명해 준다. 따로 상담해 줄 사람을 정해 주고 궁금한 점이 있으면 물어보도록 격려한다.

이 시간 예수님을 마음에 모시고 싶은 친구는 함께 기도해요.

기도

하나님, 약속을 지키시는 하나님을 찬양합니다. 아브라함에게 하신 약속을 잊지 않으시고, 예수님을 보내 주셔서 온 세상에 복을 주신 것을 감사드립니다. 우리가 하나님의 모든 약속을 믿고 예수님을 구세주로 믿을 수 있도록 도와주세요. 예수님의 이름으로 기도합니다. 아멘.

◎ 적용

TIP 설교 도입이나 적용으로 활용하거나 영상을 본 뒤 소그룹에서 풍성한 대화를 이어 갈 수 있습니다.

적용 예화 영상(지도자용 팩)을 보여 준다.

하나님은 무엇을 약속하셨나요? 하나님은 하나님의 백성에게 복을 주겠다고 약속하셨어요. 하나님이 아브라함에게 하신 약속은 아브라함의 자손을 위한 것이기도 했어요. 하나님이 아브라함에게 하신 약속이 아브라함만을 위한 것이 아니었다는 사실을 알고 나니 기쁘지 않나요? 하나님은 예수님을 보내셔서 온 세상에 복을 주기로 계획하셨어요. 여러분이 아는 사람들 중에 예수님에 대해 들어야 하는 사람은 누구인가요? 친구들과 가족, 그리고 이웃들에게 예수님에 대해 이야기할 수 있을 거예요.

가스펠 소그룹

10~20분

 나침반

초성으로 기억하기

[준비물] 학생용 교재 54쪽, 연필

> 성 경 이 무엇을 말하느냐
> 아 브 라 함 이 하 나 님 을
> 믿 으매 그것이 그에게
> 의 로 여겨진 바 되었느니라
>
> 로마서 4장 3절

① 다 함께 암송 구절을 여러 번 읽으며 익힌다.

② 학생용 교재 54쪽의 초성 힌트를 보며 빈칸을 채우게 한다.

③ 글을 쓰는 것을 어려워하는 아이가 있으면 성경이나 2단원 암송 (123쪽)을 보여 주어 쓸 수 있게 한다.

——— 야곱이 돌을 베고 누워 자고 있을 때 하나님은 꿈에서 야곱에게 말씀하셨어요. 하나님은 아브라함과 이삭에게 하셨던 약속을 야곱에게도 주셨고, 똑같은 약속을 야곱의 자손에게도 주셨어요.

 보물 지도

언약의 하나님

[준비물] 학생용 교재 54쪽, 연필

① 3주에 걸쳐 아이들이 아브라함에 대해 배운 것을 복습하며 하나님이 아브라함과 아브라함의 자손에게 신실하게 약속을 지키셨음을 아이들이 떠올릴 수 있도록 도와준다.

② 아브라함의 자손의 자손에게도 영원히 신실하실 것을 약속하셨던 것도 함께 생각해 보게 한다.

하나님은 자신이 언제나 약속을 지키시는 분임을 아브라함의 자손에게 알려 주셨어요. 이 약속은 이삭과 야곱에게도 이어졌고, 예수님을 믿는 모든 사람에게도 계속해서 이어지고 있어요.

성경 읽기

[준비물] 성경

① 아이들이 직접 성경을 펼쳐서 다음 질문에 대한 답을 찾아보게 한다.

② 정답을 말할 기회를 얻기 위한 신호를 만든다.

> 예) 콧등 두 번 문지르고 주먹 쥐기, 오른손으로 오른쪽 귀를 한번 두드리고 왼손으로 왼쪽 귀를 한번 두드리기 등.

③ 정답을 아는 아이는 약속한 신호를 보내고 인도자의 승락을 받은 뒤 이야기한다.

1 이삭과 리브가의 아들들은 누구인가요?

야곱과 에서 (창 25:25~26)

2 야곱과 에서는 언제부터 다투기 시작했나요?

태어나기 전부터 (창 25:22)

3 하나님은 이삭에게 어떤 계획을 알려 주셨나요?

하나님은 아브라함과 맺으신 언약을 이삭에게도 알려 주셨다. 하나님은 땅을 이삭의 자손에게 주시고, 그의 자손이 별과 같이 많아질 것이라고 하셨다 (창 26:2~5)

4 하나님은 야곱의 꿈에서 무슨 말씀을 하셨나요?

하나님은 아브라함과 이삭에게 하신 약속을 야곱에게도 하셨다. 하나님은 야곱이 잠들어 있는 그 땅을 야곱의 자손에게 주실 것이고, 그가 어디로 가든지 언제나 함께할 것이라고 하셨다 (창 28:12~15)

5 하나님은 무엇을 약속하셨나요?

하나님은 하나님의 백성에게 복을 주겠다고 약속하셨어요.

 탐험하기

신실하신 하나님의 약속

[준비물] 학생용 교재 55쪽, 연필

① 홀수와 짝수가 무엇인지 물어보고 1~10까지의 숫자로 홀수와 짝수의 개념을 확인한다.

② 각 줄의 짝수 번째 글자를 모두 지우게 한다.

> 내네가자녀손와이함야께곱있이어잠
> 네이가깨어야디이로르가되든여지
> 너기를에지두키려며워너하를여이르끌되어
> 이렵땅도으다로사돌곳아이오여게이할것지은라
> 내아가침네에게일허찍락이한일
> 것어을나다베이개루로기삼까았지
> 너벤를엘떠이나라지하아였니더하라리루라스
> 하더신라지아라
>
> 창세기 28장 15절

③ 남은 글자를 연결해서 읽어 보게 한다.

④ 아래 빈칸에 창세기 28장 15절을 적게 한다.

⎯⎯⎯ **하나님은 자신이 언제나 약속을 지키시는 분임을 아브라함의 자손에게 알려 주셨어요.** 혹시 언제라도 하나님이 약속을 안 지키시는 것 같다는 의심이 들 때면 하나님의 선하심과 신실하심을 기억하게 해 주는 창세기 28장 15절을 성경에서 찾아보세요. 하나님이 아브라함과 이삭과 야곱에게 하신 약속은 예수님을 믿는 모든 사람을 위한 것이기도 해요! 우리는 약속대로 복을 받은 사람들이에요. 예수님이 십자가에서 죽으시고 3일 만에 부활하셔서 우리의 죗값을 모두 치러 주셨으니까요.

기다려 게임 ∗

[준비물] 초록색 종이, 빨간색 종이

① 아이들을 예배실 한쪽에 그어 놓은 출발선 앞에 나란히 세운다.

② 초록색 종이를 들면 '출발'이고, 빨간색 종이를 들면 '정지'라고 신호를 약속한다.

③ 아이들이 줄을 다 섰더라도 초록색 종이를 들기 전에 몇 초간 기다린다. 기다리는 시간을 조금씩 늘려 간다. 아이들이 조바심을 내면 인도자는 신호를 기다리라고 말한다.

④ 한 게임이 끝나면 제자리로 돌아와 다시 줄을 서게 한 뒤 신호를 기다리고, 신호에 따르는 과정을 반복한다.

⎯⎯⎯ 하나님은 아브라함에게 많은 자손과 땅과 복을 주겠다고 약속하셨어요. 아브라함의 자손을 통해 온 세상에 복을 주겠다는 약속도 하셨지요. 아브라함은 기다렸고, 하나님이 약속을 지키실 것을 믿었어요. 하지만 아브라함은 이 약속이 다

이루어지는 것을 보기도 전에 죽었어요. **하나님은 자신이 언제나 약속을 지키시는 분임을 아브라함의 자손에게 알려 주셨어요.** 나중에 하나님은 아들 예수님을 아브라함의 자손으로 이 땅에 태어나게 하셔서 온 세상에 복을 주겠다는 자신의 약속을 지키셨답니다.

 ## 보물 상자

나만의 기록장

[준비물] 학생용 교재 56쪽, 연필이나 색연필

① 아브라함과 이삭과 야곱을 신실하게 대하신 하나님을 기억하도록 도와줄 만한 나만의 표시를 그림으로 그려 보도록 한다. 글을 쓸 줄 안다면, 하나님의 신실하심을 목록으로 작성하게 해도 좋다.

② 글이나 그림 아래에 "하나님은 신실하세요"라고 쓰게 한다.

⎯⎯⎯ **하나님은 자신이 언제나 약속을 지키시는 분임을 아브라함의 자손에게 알려 주셨어요.** 하나님은 우리에게도 약속을 지키세요. 아브라함에게 하신 약속은 예수님을 따르는 모든 사람에게까지 미친답니다. 하나님은 우리에게 언제나 신실하세요.

메시지 카드

이번 주 메시지 카드로 부모님과 함께 오늘 배운 성경 이야기를 나누어 보라고 한다.

기도

이 세상에서 가장 좋은 복으로 예수님을 보내 주신 하나님, 감사합니다. 말씀하신 것은 반드시 그대로 행하시는 신실하신 하나님, 감사합니다. 하나님의 약속을 믿고 순종할 수 있게 도와주세요. 예수님의 이름으로 기도합니다. 아멘.

3^{단원} 언약을 지키시는 하나님

하나님은 아브라함과 맺으신 언약을 신실하게 지키셨습니다. 야곱의 죄에도 불구하고 하나님은 야곱과도 다시 언약을 맺어 주셨습니다. 하나님은 요셉을 사용하셔서 이스라엘 백성을 살리시고 이집트로 데려오셨습니다. 이것 역시 훗날 하나님의 구원의 능력을 영광스럽게 드러내기 위한 준비 과정이었습니다.

야곱이
복을
가로챘어요

하나님이
야곱에게
새 이름을 주셨어요

The Gospel Project

요셉이
이집트로
팔려 갔어요

요셉의
꿈이
이루어졌어요

🎨 카운트다운 – 운동 경기

카운트다운 영상(지도자용 팩)을 틀고 예배 준비 자세를 취하도록 격려한다. 예배가 시작되는 시간에 영상이 끝나도록 맞추어 놓는다. 익숙해질 때까지 중간에 남은 시간을 알리는 것도 좋다.

예) "1분 전입니다", "30초 전입니다. 마음을 가다듬고 기도하며 하나님께 나아갑시다" 등.

🎨 무대 배경 – 경기장

예배실 여기저기에 운동 장비들을 놓아둔다. 골대, 관람석, 사물함 등으로 무대를 꾸민다. 화면에 경기장 배경 이미지(지도자용 팩)를 띄운다.

10

야곱이 복을 가로챘어요

창 25:27~34, 27:1~45

그 밤에 여호와께서 그에게 나타나 이르시되
나는 네 아버지 아브라함의 하나님이니
두려워하지 말라 내 종 아브라함을 위하여
내가 너와 함께 있어 네게 복을 주어
네 자손이 번성하게 하리라 하신지라(창 26:24).

성경의 초점

무엇이 하나님의 계획을 막을 수 있나요?
아무것도 하나님의 완벽한 계획을 막을 수
없어요.

본문 속으로

이삭은 약속의 아들이자, 아브라함과 사라가 늦은 나이에 얻은 선물이었습니다. 하나님이 아브라함과 맺으신 언약에 따르면, 이삭은 아브라함과 사라에게 별과 같이 많은 자손을 안겨 줄 소망이기도 했습니다. 이삭은 어른이 되어 리브가와 결혼했습니다. 그 후 이삭은 자녀를 달라고 기도했습니다. 리브가는 한 명이 아니라 두 명의 아이를 임신하게 되었습니다.

쌍둥이 아들들은 어머니 배 속에서 서로 다투었고, 리브가는 하나님께 여쭈었습니다. "이런 일이 왜 제게 일어나는 것입니까?" 하나님은 쌍둥이를 향한 하나님의 계획을 설명하셨습니다. "아이들의 자손은 각자 두 개의 나라를(에서의 자손은 에돔을, 야곱의 자손은 이스라엘을) 이룰 것이고, 한 나라가 다른 나라보다 강할 것이다. 그리고 큰아들이 작은아들을 섬기게 될 것이다. 어머니의 태에서 나온 뒤에도 그들의 갈등은 계속될 것이다."

하나님의 말씀은 그대로 이루어졌습니다. 아이들이 자란 후 에서는 자신의 장자권을 동생 야곱에게 팔아 버렸습니다. 장자권은 가부장 문화에서 매우 중요한 부분입니다. 전통적으로 아버지가 죽으면 큰아들이 동생에 비해 두 배의 땅과 재산을 상속받게 되어 있었는데, 에서는 그 권리를 한 끼의 따뜻한 식사와 바꾸어 버린 것입니다.

나중에 야곱은 아버지를 속이고 형이 받을 복을 가로챘습니다. 그 복은 큰아들에게 주어지는 또 하나의 특권이었습니다. 이삭은 자기의 한 아들이 다른 아들의 주인이 되도록 축복했습니다. 하나님이 말씀하신 대로 큰 자가 작은 자를 섬기게 된 것입니다.

● ● 티칭 포인트

아무것도 하나님의 완벽한 계획을 막을 수 없다는 것에 대해 아이들과 이야기하십시오. 하나님은 야곱의 자손에게 복을 주기로 계획하셨습니다. 하나님은 아브라함, 이삭, 야곱에게 별과 같이 많은 자손을 주겠다고 하신 약속을 지키셨습니다. 하나님이 약속하신 그분, 바로 하나님의 아들이신 예수님이 그들의 자손으로 오실 것입니다.

예수님은 모든 피조물보다 먼저 나셨으며(골 1:15), 큰아들의 모든 특권을 누릴 자격이 있으십니다. 그러나 십자가에 매달리셨을 때, 예수님은 우리를 위해 모든 복을 포기하셨습니다. 자신이 받을 복을 하나님이 우리에게 주실 수 있도록, 예수님이 우리가 받을 벌을 대신 받으신 것입니다.

주제

야곱이 에서의 복을 가로챘어요.

가스펠 링크

모든 피조물보다 먼저 계신 예수님이 우리를 위해 모든 복을 포기하셨어요.

야곱이 복을 가로챘어요 창 25:27~34, 27:1~45

야곱과 에서는 형제였어요. 에서는 사냥꾼이었고, 야곱은 집에서 일을 했지요. 아버지 이삭은 에서를 더 좋아했고, 어머니 리브가는 야곱을 더 좋아했어요.

어느 날 야곱이 팥죽을 끓이고 있을 때 형 에서가 들판에서 돌아왔어요. "너무 피곤하구나! 그 붉은 죽 좀 다오." 그 말을 들은 야곱이 대답했어요. "먼저 형의 장자권을 나에게 파세요." 장자권은 큰아들에게 돌아가는 권리였어요. 아버지가 돌아가시면 장자권을 가진 사람이 다른 형제보다 더 많은 재산을 상속받게 되어 있었거든요. 에서는 "배가 고파서 죽겠는데, 장자권이 무슨 소용이 있겠느냐?"라고 하며 팥죽 한 그릇과 빵 한 조각에 자신의 장자권을 팔아 버렸어요.

아버지 이삭은 이제 나이가 들어 점점 시력을 잃어가고 있었어요. 이삭은 에서를 불러서 말했어요. "내가 죽기 전에 너에게 복을 빌어 주고 싶구나." 이삭은 에서에게 사냥한 고기로 음식을 만들어 오라고 했어요. 이때 리브가가 그 이야기를 듣고는 꾀를 냈어요. 그리고 야곱에게 말했어요. "염소 떼에게 가서 제일 좋은 새끼 염소 두 마리를 잡아 오너라. 내가 그것으로 너희 아버지가 제일 좋아하시는 요리를 해 줄 테니 가지고 가서 드시게 하고 축복을 받거라." 리브가는 남편이 제일 좋아하는 요리를 만들었어요.

야곱은 자신이 에서가 아니라는 것을 아버지가 알아챌까 봐 두려웠어요. 야곱은 피부가 매끈했지만, 에서는 털이 많았기 때문이지요. 리브가는 야곱에게 에서의 옷을 입히고, 손과 목에 염소 털을 둘러서 이삭이 야곱을 에서로 생각하게 만들었어요. 야곱은 음식을 가지고 아버지에게 갔어요. "내 아들아, 네가 누구냐?" 이삭이 물었어요. 야곱은 "아버지의 큰아들 에서입니다. 아버지 말씀대로 했으니 일어나 앉으셔서 제가 사냥한 고기를 잡수시고, 복을 빌어 주세요"라고 말했어요. 이삭은 야곱을 가까이 오게 해 야곱의 손을 만져 보았어요. "목소리는 야곱 같은데, 손은 에서의 것이구나." 이삭은 다시 한 번 "네가 정말 내 아들 에서가 맞느냐?"라고 물었고, 야곱은 "저는 에서입니다"라고 대답했어요.

식사를 마친 후 이삭은 야곱에게 입을 맞추고, 그의 옷 냄새를 맡은 후(사실은 에서의 옷이지만) 그에게 복을 빌어 주었어요. 그 복은 땅과 부, 그리고 권력이었지요. 야곱이 나간 후 에서가 사냥에서 돌아와 아버지를 위해 요리를 했어요. 그가 이삭에게 음식을 가지고 가자 이삭은 자신이 야곱에게 속아 이미 그에게 복을 빌어 주었다고 말했어요. 에서는 울면서 자신도 축복해 달라고 간청했지요. 하지만 이삭에게는 에서에게 줄 복이 하나도 남아 있지 않았어요. 에서는 야곱에게 화가 나서 그를 죽일 계획을 세웠어요. 그러나 리브가는 야곱을 그의 외삼촌 집으로 보내, 에서의 화가 가라앉을 때까지 거기서 안전하게 지내도록 했어요.

● ● 가스펠 링크

예수님은 모든 피조물의 큰아들이세요(골 1:15). 십자가에 매달리셨을 때 예수님은 우리를 위해 모든 복을 포기하셨어요. 자신이 받을 복을 하나님이 우리에게 주실 수 있도록, 예수님이 우리가 받을 벌을 대신 받으신 거예요.

가스펠 준비

10~20분

환영

도착하는 아이들을 반갑게 맞이하고 헌금, 출석, QT 등을 확인하며 격려한다. 편안한 분위기에서 안부를 물으며 오늘의 말씀과 관련된 화제로 이야기를 나눈다. 자발적으로 대화에 참여하도록 이끈다.

예) "다른 사람이 부러웠던 적 있나요?", "다른 사람이 될 수 있다면 누가 되고 싶나요?" 등.

마음 열기

몸으로 표현하기 *

[준비물] 다양한 역할을 각각 적은 카드

① 한 아이를 앞으로 나오게 한 뒤 역할이 적힌 카드를 보여 준다.

　예) 아기, 의사, 엄마, 할머니, 경찰 등.

② 아이에게 카드에 적힌 사람에 대해 몸으로만 표현할 수 있다고 알려 준다.

③ 무슨 역할인지 답을 맞힌 아이를 앞으로 나오게 해서 같은 방법으로 진행한다.

　　누구나 한 번쯤 다른 사람의 흉내를 내 보지요. 그 사람처럼 행동하고, 말하고, 옷을 차려입고 말이에요. 오늘 우리는 어떤 쌍둥이에 대해서 배울 텐데, 둘 중 한 쌍둥이가 다른 하나처럼 옷을 입었대요. 지난 시간에 이 쌍둥이의 이름을 배웠지요? 맞아요. 야곱과 에서예요.

거짓말을 찾아라 *

① 아이들에게 자기 자신에 대해서 두 가지 참말과 한 가지 거짓말을 생각해 보라고 한다.

② 한 아이를 지목해 자신에 대해서 생각한 세 가지 말을 발표하게 하고, 다른 아이들은 그중 무엇이 거짓말인지 알아맞히게 한다.

　　오늘 이야기를 보면, 야곱이 언제나 참말만 한 것은 아니었어요. 야곱과 에서는 쌍둥이였는데, 태어나기 전부터 서로 다투었어요. 야곱은 아버지 이삭에게 거짓말을 하고, 이삭이 에서에게 빌어 주려던 복을 가로챘어요. 하지만 하나님은 놀라지 않으셨어요. 모든 것이 엉망진창이 된 것 같은 상황에서도 하나님은 하나님의 특별한 계획대로 일하고 계셨답니다.

종이봉투 바꾸기 *

[준비물] 종이봉투, 작은 액세서리 또는 사탕

① 종이봉투마다 각각 조금씩 다르게 작은 액세서리나 사탕을 넣은 뒤 입구를 접어 둔다.

② 종이봉투를 하나씩 나누어 주고, 무엇이 들어 있는지 알기 위해 만져 보지 말라고 한다.

③ 아이들은 자신이 받은 종이봉투를 그대로 갖고 있을 수도 있고, 서로 바꿀 수도 있다.

④ 원하는 만큼 여러 번 바꿀 수 있도록 기회를 준다.

⑤ 아이들이 모두 자신의 종이봉투에 만족하면, 종이봉투를 열어 보게 한다.

　　처음에 받은 종이봉투를 계속 가지고 있는 친구가 있나요? 종이봉투를 바꾼 것을 후회하는 친구가 혹시 있나요? 오늘 우리는 야곱이 에서와 무언가를 바꾸고, 나중에는 원래 에서의 것이었던 복을 가로채는 이야기를 듣게 될 거예요. 둘 중 한 명은 이 일로 아주 이득을 보았지요. 이 이야기에 대해 더 자세히 배워 볼까요?

가스펠 설교 15~30분

들어가기

운동 장비들을 엉터리로 갖춘 채 등장한다. 예를 들어 포수의 헬멧과 정강이 보호대, 팔꿈치 보호대를 착용하고 하키 스틱으로 야구공을 밀면서 들어오는 식이다. 큰 결전을 앞두고 흥분한 듯 노래를 부른다. 오~ 필승 코리아! 오~ 필승 코리아! 여러분, 인생 최고의 날을 맞이할 준비가 되었나요? 우리는 오늘 열심히 뛰어서 반드시 이길 거예요! 경기 시작! 흥분을 조금 가라앉히며 숨을 크게 쉰다. 아, 그러니까 제 말은, 오늘 정말 재미있는 것을 배울 테니 마음의 준비를 하라는 거예요!

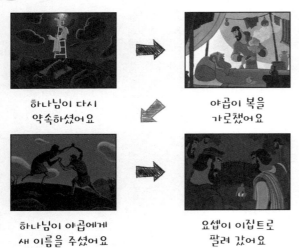 연대표

하나님이 다시 약속하셨어요

야곱이 복을 가로챘어요

하나님이 야곱에게 새 이름을 주셨어요

요셉이 이집트로 팔려 갔어요

우리가 누구에 대해 배우고 있는지 기억나나요? 아브라함부터 시작해 볼까요? 하나님은 아브라함과 언약을 맺으셨어요. **하나님은 아브라함을 통해 온 세상에 복을 주겠다고 약속하셨어요.** 하나님은 아브라함에게 아들을 주셨는데, 얼마 후 그 아들을 제물로 바치라고 하셨어요. **아브라함은 하나님의 계획이 이해되지 않을 때에도 하나님을 믿었어요.** 아브라함이 하나님의 명령대로 하려는 순간, 주님의 천사가 나타나 그를 막았지요. 하나님은 이삭 대신 제물로 바칠 숫양을 한 마리 준비해 두셨어요.

하나님은 이삭과 그의 아들 야곱에게도 아브라함에게 하셨던 언약을 확인시켜 주셨어요. **하나님은 자신이 언제나 약속을 지키시는 분임을 아브라함의 자손에게 알려 주셨어요.** 오늘 우리는 야곱과 그의 쌍둥이 형제 에서에 대해 배우게 될 거예요.

성경의 초점

야곱과 에서는 사이가 별로 좋지 않았어요. 심지어 야곱은 에서에게서 굉장히 소중한 것을 빼앗았어요. 야곱의 큰 잘못 때문에 하나님이 그를 사용하지 않으실 수도 있었지만, 하나님은 자신의 계획을 포기하지 않으셨어요. 오늘 말씀을 통해 **"무엇이 하나님의 계획을 막을 수 있나요?"**라는 질문에 대한 답을 함께 찾아보기로 해요!

성경 이야기

오늘의 성경 이야기는 창세기 25장, 27장에 나와요. 하나님은 아브라함에게 별과 같이 많은 자손을 주겠다고 약속하셨어요. 그리고 그의 자손을 통해 온 세상이 복을 받게 될 것이라고 약속하셨지요. 하나님은 이 약속을 지키셨고, 같은 약속을 아브라함의 아들 이삭과 손자 야곱에게도 하셨어요. 하나님은 아브라함과 아브라함의 자손에게 신실하셨어요. 아브라함의 자손이 어떤 행동을 했거나, 큰 잘못을 저질렀다고 해서 하나님의 신실하심이 변하는 것은 아니었어요. 하나님은 약속을 하셨고, 어떤 일이 있어도 그 약속을 지키실 거예요. 오늘 말씀은 우리에게 바로 그 사실을 알려 주고 있어요. 하나님은 신실하신 분이기 때문에 반드시 언약을 지키실 것이라는 사실 말이에요.

창세기 25장, 27장을 펴고, 설교 영상(지도자용 팩)을 보여 주거나 이야기 성경을 들려준다.

"무엇이 하나님의 계획을 막을 수 있나요?"라는 질문에 대한 답을 말해 줄 친구 있나요? 맞아요. **아무것도 하나님의 완벽한 계획을 막을 수 없어요.** 야곱이 에서의 복을 훔치는 죄를 지었을 때조차 하나님의 완벽한 계획은 멈추지 않았어요. 야곱을 보면 우리에게 왜 구원자가 필요한지 알 수 있어요. 야곱은 에서의 복을 가로채기 위해 거짓말로 아버지 이삭을 속였어요.

그 복은 원래 야곱이 받을 수 없는 것이었지요.

하나님은 원래 우리가 받을 수 없었던 복을 우리에게 주셨어요. 예수님을 통해서 말이에요. 우리는 그것을 얻기 위해 누군가를 속일 필요가 없답니다. 하나님이 이 복을 은혜로 우리에게 주셨으니까요. 자격이 없는 사람에게 공짜로 주는 것을 '은혜'라고 해요. 하나님은 예수님을 아브라함의 자손으로 태어나게 하셨고, 예수님을 통해 온 세상에 복을 주셨답니다. 예수님이 우리의 죗값을 대신 치르셨기 때문에 예수님을 믿는 사람들은 모두 영원한 생명을 얻게 되었지요.

하나님은 자신이 신실하게 약속을 지키시는 분임을 끊임없이 보여 주셨고, 오늘 말씀에서도 하나님의 신실하심과 놀라운 계획을 막을 수 있는 것은 아무것도 없음을 알려 주셨어요.

복/습/질/문

1 야곱과 에서는 어떤 일을 했나요?

야곱은 집안일을 했고, 에서는 사냥을 했다 (창 25:27)

2 에서는 죽 한 그릇과 무엇을 바꾸었나요?

에서는 야곱이 만든 죽 한 그릇과 자신의 장자권을 바꾸었다. 이것은 큰아들로서 더 많은 유산을 받을 권리가 야곱에게 가게 되었다는 의미다 (창 25:29~34)

3 이삭은 원래 누구에게 축복하려고 했나요? 그리고 실제로 축복을 받은 사람은 누구인가요?

원래는 에서가 큰아들이기 때문에 그가 이삭에게 축복을 받아야 했다. 하지만 야곱이 이삭을 속이고 에서의 복을 가로챘다 (창 27:18~30)

4 무엇이 하나님의 계획을 막을 수 있나요?

아무것도 하나님의 완벽한 계획을 막을 수 없어요.

복음 초청

성경과 35쪽 복음 초청 가이드를 이용해서 아이들에게 그리스도인이 되는 법을 설명해 준다. 따로 상담해 줄 사람을 정해 주고 궁금한 점이 있으면 물어보도록 격려한다.

이 시간 예수님을 마음에 모시고 싶은 친구는 함께 기도해요.

🙏 기도

예수님을 아브라함의 자손으로 보내신 하나님을 찬양합니다. 이것이 우리가 받은 최고의 복입니다. 우리가 죄를 지을 때조차 우리를 언제나 신실하게 대하시는 하나님께 감사합니다. 언제나 변함없이 우리를 사랑하시고, 영원히 약속을 지키시는 하나님을 믿으며 살아가게 해 주세요. 예수님의 이름으로 기도합니다. 아멘.

적용

🔲 설교 도입이나 적용으로 활용하거나 영상을 본 뒤 소그룹에서 풍성한 대화를 이어 갈 수 있습니다.

💿 적용 예화 영상(지도자용 팩)을 보여 준다.

지금 어떤 일이 일어났나요? 윌이 넬의 샌드위치를 차지하기 위해 어떤 장치를 만들었네요. 여러분이 만약 넬이라면 이런 상황에서 어떻게 했을까요? 만약 윌이라면 어떻게 했을까요? 만약 다른 사람이 여러분보다 더 좋은 음식을 먹거나, 혹은 야곱과 에서의 이야기에서처럼 더 좋은 복을 받게 된다면, 여러분의 기분은 어떨까요? 우리가 질투를 느낄 만한 것에는 무엇이 있을까요?

야곱이 에서에게 가야 할 복을 가로챘을 때조차도, 하나님은 하나님의 완벽한 계획을 포기하지 않으시고 아브라함의 자손에게 하신 약속을 지키셨답니다. **무엇이 하나님의 계획을 막을 수 있나요? 아무것도 하나님의 완벽한 계획을 막을 수 없어요.** 우리가 일을 엉망으로 만들어 놓아도 하나님은 포기하지 않으세요. 하나님의 사랑과 약속은 우리가 잘못 행동한다고 해서 바뀌는 것이 아니랍니다. 하나님은 신실하시고 변함없는 분이세요. 우리는 하나님의 약속을 믿고 마음을 놓을 수 있어요. 하나님은 영원히 약속을 지키시니까요. 언제나 우리에게 신실하신 하나님을 찬양하며 살아가도록 해요.

우리에게 어떤 일이 일어나든지, 우리가 무슨 잘못을 하든지 하나님이 우리의 모든 상황을 돌보고 계시고, 우리에게 언제나 신실하게 약속을 지키신다는 사실을 기억해요. 우리가 지은 죄의 결과는 남겠지만, 그래도 하나님은 여전히 하나님의 계획대로 움직이신답니다.

가스펠 소그룹

 나침반

암호 채우기

[준비물] 학생용 교재 60쪽, 연필

"그 밤에 여호와께서 그에게 나타나 이르시되 나는 네 아버지 아브라함의 하나님이니 두려워하지 말라 내 종 아브라함을 위하여 내가 너와 함께 있어 네게 복을 주어 네 자손이 번성하게 하리라 하신지라"(창 26:24).

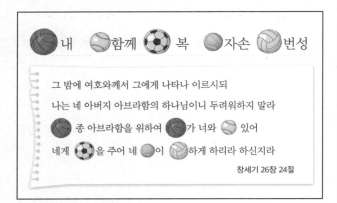

① 각각의 공에 숨겨진 암호를 암송 구절에서 찾아 빈칸을 채우게 한다.
② 어려운 단어의 뜻을 설명해 주고 내용을 이해하도록 돕는다.

손동작 만들기 ✱

[준비물] 성경

① 성경에서 3단원 암송 구절을 찾아 다 함께 읽으며 익힌다.
② 암송 구절의 단어들에 어울리는 손동작을 함께 만들어 본다.
③ 앞으로 4주 동안 계속 연습하자고 말한다.

━━ 3단원 암송 구절은 하나님이 아브라함에게 하신 약속을 언제나 신실하게 지키실 것이라고 말하고 있어요. 이 약속은 이삭과 야곱을 비롯한 아브라함의 모든 자손에게 이어졌지요. 심지어 야곱이 에서의 복을 가로챈 후에도, 하나님은 여전히 야곱에게 은혜를 베푸셨어요. 물론 야곱은 자신이 지은 죄의 대가를 치르기는 하겠지만, 하나님은 여전히 야곱을 사용하셔서 언젠가 예수님을 이 땅에 보내시려는 하나님의 완벽한 계획을 이루실 것이랍니다.

 보물 지도

에서와 야곱의 풍선

[준비물] 학생용 교재 60쪽, 연필

① 창세기 25장을 펴고 질문에 대한 답을 찾게 한다.
② 풍선에 담긴 질문의 답이 '에서'이면 에서의 바구니에, '야곱'이면 야곱의 바구니에 풍선 줄을 연결하게 한다.

━━ 하나님은 아브라함에게 하신 약속을 쭉 지켜 오셨고, 아브라함이 죽은 후에도 계속 지키셨어요. 아브라함의 손자 **야곱은 에서의 복을 가로챘어요.** 죄를 지은 것이지요. 하지만 야곱의 죄가 하나님이 야곱의 자손에게 하신 약속을 지키시지 못하도록 만들지는 못했어요. 언젠가 예수님은 야곱의 자손으로 오실 것이고, 온 세상은 복을 받게 될 거예요.

 탐험하기

무엇이 다를까요?

[준비물] 학생용 교재 61쪽, 연필

두 그림을 비교해 보고 열 가지 다른 부분을 찾아 오른쪽 그림에 ○표 하게 한다.

── 오늘 우리는 야곱이 에서를 흉내 냈던 이야기를 배웠어요. 야곱은 아버지를 속여 에서가 받을 복을 가로챘지요. 하지만 우리는 알고 있어요. 우리가 억지로 무언가를 얻기 위해 노력하지 않아도 신실하신 하나님은 하나님의 선하신 계획대로 우리를 인도하세요.

하나님의 계획은 막을 수 없어요 ✱

[준비물] 여러 가지 장애물, '하나님의 계획'이라고 적은 깃발(인원 수)

① 예배실 여기저기에 장애물을 놓아둔다. 뛰어넘기, 기어가기, 비집고 통과하기, 끊어진 길 건너기 등을 할 수 있는 것이면 좋다.

② 아이들에게 '하나님의 계획'이라고 적힌 깃발을 나누어 주고, 차례대로 장애물을 통과할 수 있도록 한 줄로 세운다.

③ 시작하기 전에 먼저 장애물을 어떻게 통과해야 되는지 시범을 보여 준다.

④ 아이들이 안전하게 장애물을 통과하는지 지켜보며 도와준다.

── **무엇이 하나님의 계획을 막을 수 있나요? 아무것도 하나님의 완벽한 계획을 막을 수 없어요.** 하나님은 이루겠다고 계획하신 일은 어떤 장애물이 있어도 반드시 이루어 내세요. 하나님은 아브라함과 이삭, 야곱에게 하신 약속을 멈추지 않고 이어 가셨어요. 심지어 야곱이 죄를 짓고 에서의 분노를 피해 도망가야 했을 때에도 하나님의 계획은 여전히 진행되고 있었지요. 언젠가 하나님은 예수님을 야곱의 자손으로 보내실 것이고, 이것은 이 세상이 경험할 복 중에서 가장 좋은 복이 될 거예요.

축복 벽화 그리기 ✱

[준비물] 방수포, 긴 종이, 미술용 앞치마, 물감, 붓, 사인펜

① 방수포를 바닥에 깔고 긴 종이를 펼친다.

② 아이들을 긴 종이 둘레에 앉힌다.

③ 아이들에게 미술용 앞치마를 나누어 주며 입으라고 한 뒤 물감, 붓, 사인펜 등을 주고, 하나님이 자신에게 어떤 복을 주셨는지 그림이나 글로 표현하게 한다.

── **야곱은 에서의 복을 가로챘어요.** 야곱은 아버지 이삭이 자기를 에서라고 생각하도록 속여 복을 받았어요. 그래도

하나님은 놀라지 않으셨어요. 야곱의 죄에도 불구하고 하나님은 자신의 놀라운 계획을 계속 진행하셨지요. 언젠가 하나님은 예수님을 야곱의 자손으로 보내실 거예요. 야곱은 복을 받기 위해 이삭을 속였지만, 우리는 하나님이 아브라함의 자손을 통해 보내신 복을 우리 것으로 만들기 위해 하나님을 속일 필요가 없답니다. 그 복은 오직 하나님의 은혜로만 우리의 것이 되기 때문이지요.

 # 보물 상자

나만의 기록장

[준비물] 학생용 교재 62쪽, 연필이나 색연필

① 자기가 세운 계획이 뜻대로 되지 않았던 경험을 그린 후 글로 쓰게 한다.

② 아이들이 어려워하면 무언가를 하고 싶거나, 어딘가를 가고 싶거나, 무언가를 갖고 싶었는데 그렇게 할 수 없었던 때를 떠올려 보라고 한다.

── 일이 우리 생각대로 잘 되지 않을 때에도 하나님의 완벽한 계획을 막을 수 있는 것은 아무것도 없답니다. 우리는 언제나 하나님의 계획이 우리의 계획보다 낫고, 하나님이 우리의 모든 일을 돌보신다는 것을 믿을 수 있어요.

메시지 카드

이번 주 메시지 카드로 부모님과 함께 오늘 배운 성경 이야기를 나누어 보라고 한다.

기도

모든 것을 돌보고 계시며, 언제나 신실하신 하나님께 감사드립니다. 하나님은 약속을 지키시고 모든 것을 돌보시는 분임을 우리가 굳게 믿을 수 있도록 도와주세요. 예수님의 이름으로 기도합니다. 아멘.

11

하나님이 야곱에게 새 이름을 주셨어요

창 32~33장

본문 속으로

야곱은 이러지도 저러지도 못하는 상황에 놓였습니다. 형 에서의 복을 가로챈 후 야곱은 에서의 분노를 피해 고향에서 도망을 쳤습니다. 그는 외삼촌 라반의 집에서 살면서 결혼도 하고 자녀도 많이 낳았습니다. 야곱의 삶은 전반적으로 성공적이었지만, 외삼촌 라반과 함께 지낸 시간의 끝은 좋지 않았습니다. 라반의 아들들이 야곱이 라반의 재산을 훔쳤다고 모함했기 때문입니다.

하나님은 야곱에게 떠나라고 말씀하셨고, 야곱은 주저하지 않았습니다. 그는 자신의 가족과 재산을 모두 모아 고향 가나안으로 향했습니다. 그러나 뒤에서 라반이 그를 추격해 왔습니다. 고향 땅에 간다고 해도 불안하기는 마찬가지였습니다. 에서가 그곳에 있었기 때문입니다. 야곱이 에서를 마지막으로 보았던 그때 에서는 야곱을 죽이려고 하지 않았습니까?

하나님은 야곱에게 아브라함과 이삭에게 하셨던 약속을 다시 한 번 확인시켜 주시면서, 야곱과 함께하겠다고 약속하셨습니다. 그러나 뒤에는 라반이, 앞에는 에서가 있는 상황에서 야곱은 어떻게 살아남을 수 있을까요? 야곱은 에서와의 만남을 위해 만반의 준비를 했습니다. 그는 전략적으로 자신의 가족을 두 무리로 나누었습니다. 에서의 환심을 사기 위해 선물도 미리 보냈습니다.

그날 밤, 야곱은 초조한 마음으로 에서에게서 전갈이 오기를 기다렸습니다. 그런데 바로 그 밤, 하나님이 야곱을 찾아오셨습니다. 야곱은 하나님과 밤새도록 씨름을 했습니다. 야곱이 씨름에서 이겼을까요? 그가 하나님보다 힘이 셌을까요? 야곱의 승리는 아이러니한 것이었습니다. 힘으로는 야곱이 이기지 못했습니다(하나님이 살짝만 건드리셨으나 야곱이 다리를 절게 된 것을 보면 알 수 있습니다). 오히려 하나님의 축복에 기대어 살 수밖에 없음을 고백함으로써 이긴 것입니다. 야곱은 의지할 곳이 전혀 없었습니다. 자신의 힘만으로는 성공할 수가 없었습니다. 그래서 야곱은 하나님께 매달려 절대 놓지 않았습니다.

●● 티칭 포인트

하나님과의 만남은 자신이 누구인지, 삶의 목적이 무엇인지를 깨닫게 하고 근본적 변화로 이어진다는 것을 아이들에게 알려 주십시오. 하나님은 야곱에게 은혜와 복을 주시고, 이스라엘이라는 새 이름도 주셨습니다. 하나님은 야곱에게서, 즉 이스라엘 자손 중에서 예수님을 태어나게 하실 것이었습니다. 예수님의 죽음과 부활은 죄인들에게 하나님의 가족이 되는 길을 열어 주었습니다. 하나님의 가족이 되면, 우리도 새로운 이름을 얻게 됩니다. 그것은 바로 '하나님의 자녀'입니다(요 1:12).

주제

하나님이 야곱의 이름을 이스라엘로 바꾸어 주셨어요. 이스라엘은 하나님의 약속의 백성이라는 뜻이에요.

가스펠 링크

예수님이 죽으시고 부활하심으로 우리가 하나님의 자녀가 되었어요.

하나님이 야곱에게 새 이름을 주셨어요 창 32~33장

하나님은 야곱의 할아버지 아브라함과 언약을 맺으셨어요. 그 후 야곱의 아버지 이삭에게도 약속을 확인해 주셨지요. 하나님은 야곱을 위한 계획도 가지고 계셨어요. 야곱이 작은아들이기는 했지만, 하나님은 야곱이 가족을 대표해 복을 받기를 바라셨어요.

아버지와 형 에서를 속이고 형의 복을 빼앗은 야곱은 에서를 피해 외삼촌 집으로 도망쳤어요. 하나님은 야곱을 만나 주셨고, 그와 함께하겠다는 약속도 해 주셨지요. 20년이 지난 후, 하나님은 이제 고향으로 돌아갈 때가 되었다고 야곱에게 말씀하셨어요.

야곱은 자신의 모든 가족과 재산을 챙겨 길을 떠났어요. 그러나 형이 여전히 화가 나 있을까 봐 두려웠어요. 야곱은 심부름꾼들을 보내 자신이 고향으로 가고 있다는 사실을 에서에게 알렸지요. 돌아온 심부름꾼들은 에서가 400명의 사람들을 거느리고 야곱을 맞이하러 오고 있다고 보고했어요. 야곱은 너무나 두려웠어요. 하나님이 그의 자손이 하늘의 별과 같이 많아지게 될 것이라고 약속하셨는데, 에서가 와서 모두 죽이면 그 약속은 어떻게 이루어질 수 있을까요?

야곱은 계획을 세웠어요. 그는 가족을 두 무리로 나누었어요. 만약 에서가 한 무리를 공격하면, 나머지 무리라도 도망시키기 위해서였지요. 그러고 난 후, 야곱은 하나님께 약속을 지켜 달라고 기도했어요. "제발 저를 형 에서로부터 구해 주세요." 야곱은 많은 동물을 선물로 보내 에서의 마음을 풀어 주려고 했어요. 그렇게 하면 에서가 자신을 용서해 줄지도 모른다고 생각했던 것이지요.

야곱은 강 건너편으로 가족을 먼저 보내고, 홀로 뒤에 남았어요. 그날 밤, 한 남자가 나타났어요(사실 그 남자는 하나님이셨어요!). 남자는 밤새도록 야곱과 씨름을 했어요. 야곱이 포기하지 않자, 남자는 야곱의 엉덩이뼈를 쳤어요. 남자가 "나를 보내 다오. 날이 새려고 하는구나" 하고 말했지만 야곱은 놓아 주지 않았어요. "제게 복을 주시지 않으면 보내 드릴 수 없습니다." 마침내 남자는 야곱에게 복을 주었어요. "네 이름은 더 이상 야곱이 아니라 이스라엘이다. 네가 하나님과 사람들과 겨루어 이겼기 때문이다." 동이 텄고, 야곱은 다친 엉덩이뼈 때문에 다리를 절었어요.

야곱이 보니 에서가 400명을 거느리고 자기를 만나러 오고 있었어요. 야곱은 형에게 존경을 표하기 위해 일곱 번이나 엎드려 절을 했어요. 에서는 달려와 야곱을 끌어안았어요. 에서는 더 이상 화를 내지 않았고, 두 형제는 함께 울었어요. 에서는 왜 이렇게 많은 짐승을 보냈느냐며 선물을 사양했고, 야곱은 하나님이 과분하게 주셨으니 꼭 받아 달라고 부탁했어요. 에서는 선물을 받아 집으로 돌아갔지요.

야곱과 그의 가족은 세겜으로 가서 땅을 샀어요. 드디어 하나님이 야곱에게 약속하신 땅으로 돌아온 거예요.

●● 가스펠 링크

하나님은 야곱의 인생을 바꾸시고, 이스라엘이라는 새 이름도 주셨어요. 예수님은 우리 죄를 사하시고 새 삶을 살게 하시기 위해 이 땅에 오셨어요(고후 5:17). 예수님의 죽음과 부활은 죄인들에게 하나님의 가족이 될 수 있는 길을 열어 주었어요. 우리가 하나님의 가족이 되면 우리도 '하나님의 자녀'라는 새 이름을 갖게 된답니다(요 1:12).

가스펠 준비

10~20분

 ## 환영

도착하는 아이들을 반갑게 맞이하고 헌금, 출석, QT 등을 확인하며 격려한다. 편안한 분위기에서 안부를 물으며 오늘의 말씀과 관련된 화제로 이야기를 나눈다. 자발적으로 대화에 참여하도록 이끈다.

예) "가장 친한 친구의 이름이 뭐예요?", "이름에 담긴 뜻을 소개해 주세요."

 ## 마음 열기

바로 나예요 ✳

[준비물] 색종이, A4 용지, 사인펜, 풀

① 색종이를 주고 자신의 이름표를 만들어 꾸미게 한다.

② 꾸민 이름표를 A4 용지에 붙이고, 자신을 표현하는 글을 쓰거나 그림을 그리게 한다.

＝＝ 새 이름이 생긴다면 어떨까요? 오늘 이야기에서 하나님은 야곱의 이름을 바꾸셨어요. 어쩌다 이름이 바뀌었는지, 야곱의 새 이름은 무엇인지 오늘 배워 보기로 해요!

엄지손가락 겨루기 ✳

① 두 명씩 짝을 짓는다.

② 짝과 엄지손가락 겨루기를 하게 한다.

③ 승자는 다른 승자와 다시 대결하고, 패자는 의자에 앉게 한다.

④ 챔피언이 탄생할 때까지 계속한다.

＝＝ 다들 힘이 대단하군요! 오늘 성경 이야기에도 대단한 겨루기가 나온답니다. 엄지손가락 겨루기는 아니고, 씨름에 가까운 대결이었지요. 하나님이 야곱의 이름을 이스라엘로 바꾸실 때, 하나님은 야곱과 밤새 씨름을 하셨대요. 무슨 일이 있었는지 오늘 배워 보기로 해요.

손바닥 씨름 놀이 ✳

① 두 명씩 짝을 짓고, 서로 마주 보게 세운다. 손바닥으로 서로를 밀어내게 한다.

② 발이 땅에서 떨어지거나 균형을 잃으면 진다.

＝＝ 오늘 말씀에도 이처럼 힘겨루기에 대한 이야기가 나와요. 하나님과 야곱이 밤새 씨름한 이야기래요. 결과가 어떻게 되었을까요? 오늘 말씀을 통해 알아보도록 해요.

가스펠 설교

15~30분

 들어가기

운동 장비들을 엉터리로 갖춘 채 등장한다.

또 만났네요, 친구들! 그리고 우리 선수들! 지난 시간 야곱에 대해 배울 때 다들 엄청 잘했어요. 오늘도 지난주처럼 아주 잘해 낼 것이라고 믿어요. 재미있는 게임도 하면서 더 많이 배울 준비가 되었나요? 여러분, 장비들을 잘 챙기세요. 오늘 이야기를 듣는 동안 필요할 수도 있으니까요!

 연대표

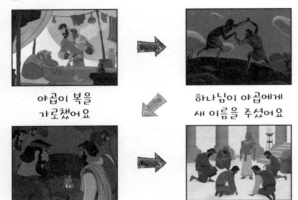

야곱이 복을 가로챘어요

하나님이 야곱에게 새 이름을 주셨어요

요셉이 이집트로 팔려 갔어요

요셉의 꿈이 이루어졌어요

새로운 내용을 배우기 전에, 우리가 배웠던 내용을 복습하는 것은 아주 중요해요. 그렇게 하면 성경이 하나의 큰 이야기로서 서로 딱 들어맞는다는 것을 기억할 수 있기 때문이에요. **하나님은 이 세상 모든 것을 하나님의 영광을 위해 창조하셨어요.** 그후 이 세상 모든 사람이 죄를 지었지요. 하나님은 죄로 물든 세상을 멸망시키기 위해 홍수를 보내셨지만, 노아와 그의 가족, 그리고 동물들을 구원해 주셨지요.

노아의 가족은 자녀들을 많이 낳았고, 이 땅에는 다시 사람들이 가득 차게 되었어요. 하나님은 사람들에게 온 땅에 퍼져 나가라고 하셨지만, 그들은 하나님의 말씀을 듣지 않았어요. 하나님이 언어를 뒤섞어 버리시자 사람들은 뿔뿔이 흩어졌어요. 그리고 서로 말을 알아들을 수 있는 사람들끼리만

모여 살게 되었지요.

그러고 난 후, **하나님은 아브라함을 통해 온 세상에 복을 주겠다고 약속하셨어요.** 아브라함은 이삭의 아버지이고, 이삭은 야곱의 아버지예요. 하나님은 이삭과 야곱에게도 신실하게 약속을 지킬 것이라고 말씀하셨고, 그들의 후손 대대로 그러실 것이라고 약속하셨어요.

지난주에 우리는 야곱이 에서의 복을 가로챈 이야기를 배웠어요. 야곱이 죄를 지었음에도 불구하고 하나님은 여전히 약속을 저버리지 않으셨어요. 그리고 훗날 예수님을 야곱의 자손으로 보내 주셨답니다.

 성경의 초점

오늘 우리는 계속해서 야곱에 대해 배울 거예요. **하나님이 야곱의 이름을 하나님의 약속의 백성의 이름인 이스라엘로 바꾸어 주시는 부분이에요.** 이 일이 일어났을 때 하나님과 야곱은 씨름을 하고 있었어요! 하나님은 야곱과 그의 자손에 대한 계획을 가지고 계셨어요. **무엇이 하나님의 계획을 막을 수 있나요? 아무것도 하나님의 완벽한 계획을 막을 수 없어요.**

 성경 이야기

오늘의 성경 이야기는 창세기 32~33장에 나와요. 하나님이 야곱의 이름을 바꾸어 주셨다는 것은 이미 알고 있지요? 어떻게 그런 일이 일어났는지 더 자세히 배워 보기로 해요.

창세기 32~33장을 펴고, 설교 영상(지도자용 팩)을 보여 주거나 이야기 성경을 들려준다.

하나님은 야곱에게 큰 은혜를 베푸셨어요. 야곱은 에서에게 죄를 지었고, 그 결과 낯선 곳인 외삼촌 라반의 집에서 살아야 했지요. 하나님이 야곱에게 고향으로 돌아가라고 하셨을 때 야곱은 겁이 났어요. 형 에서를 만나야 할 텐데, 에서가 자기에게 여전히 화가 나 있을지도 모르니까요. 걱정하고 있는 야곱에게 하나님이 찾아오셨어요.

밤이 지나도록 하나님은 야곱과 씨름을 하셨고, 야곱은 하나님을 놓으려고 하지 않았어요. 야곱이 하나님보다 힘이 세서가 아니라, 자신이 너무나도 약하고 하나님의 복이 꼭 필요

하다는 것을 어느 때보다 깊이 깨달았기 때문이에요. 하나님은 야곱에게 복을 주었고, 야곱의 이름을 이스라엘로 바꾸어 주셨어요. 이 이름은 앞으로 하나님의 백성의 이름이 될 것이랍니다!

하나님께 새 이름을 받은 야곱은 에서를 만나러 갔어요. 에서는 야곱에게 은혜를 베풀었어요. 에서는 야곱에게 와서 그를 껴안고 자기의 가족과 함께 살자고 말했어요. 에서의 아름다운 모습은 하나님의 용서가 어떤 모습일지 우리에게 잘 보여 준답니다.

복/습/질/문

1 야곱은 하나님이 말씀하신 대로 집으로 돌아갔어요. 그런데 왜 무서워했을까요?

야곱은 자신이 에서의 복을 가로챈 일 때문에 에서가 여전히 화가 나 있을까 봐 두려웠다 (창 32:9~12)

2 야곱은 에서의 마음을 풀어 주기 위해 무슨 일을 했나요?

에서에게 선물을 보냈다 (창 32:13~20)

3 한 남자가 야곱을 찾아왔을 때 무슨 일이 일어났나요?

그 남자는 하나님이셨고, 하나님은 밤새도록 야곱과 씨름을 하셨다. 아침이 되자, 야곱은 자신에게 복을 주지 않으면 보내 주지 않겠다고 말했다. 하나님은 야곱에게 복을 주었고, 이름을 이스라엘로 바꾸어 주셨다 (창 32:24~29)

4 에서는 야곱에게 여전히 화가 나 있었나요?

아니다 (창 33:1~11)

5 **무엇이 하나님의 계획을 막을 수 있나요?**

아무것도 하나님의 완벽한 계획을 막을 수 없어요.

찬양

약속

※ 악보와 음원은 지도자용 팩 또는 가스펠 프로젝트 홈페이지(gospelproject.co.kr)에서 이용하세요.

만약 하나님이 여러분에게 여러분의 자손과 함께하며 그들에게 복을 주겠다고 말씀하신다면, 어떤 기분이 들 것 같아요? 하나님은 하나님을 믿는 모든 사람에게 똑같은 약속을 하고 계세요! 예수님이 죽음과 부활로 우리의 죗값을 치러 주셨기 때문에 우리는 복을 받았어요. 예수님을 믿는 사람들 모두에게 성령 하나님이 오셔서 언제나 함께 계시고요. 아브라함에게, 그리고 우리에게 약속을 지키시는 하나님을 찬양합시다!

복음 초청

성경과 35쪽 복음 초청 가이드를 이용해서 아이들에게 그리스도인이 되는 법을 설명해 준다. 따로 상담해 줄 사람을 정해 주고 궁금한 점이 있으면 물어보도록 격려한다.

이 시간 예수님을 마음에 모시고 싶은 친구는 함께 기도해요.

기도

하나님 아버지, 하나님의 완벽한 계획을 막을 것이 아무것도 없습니다. 하나님의 계획이 우리에게 가장 좋다는 것을 알게 하시니 감사합니다. 우리가 순종할 수 있도록 도와주세요. 야곱의 이야기를 통해 하나님이 언제나 우리와 함께하시며 약속을 지키실 것을 깨닫게 해 주셔서 감사합니다. 예수님의 이름으로 기도합니다. 아멘.

적용

TIP 설교 도입이나 적용으로 활용하거나 영상을 본 뒤 소그룹에서 풍성한 대화를 이어 갈 수 있습니다.

하나님은 야곱의 이름을 바꾸어 주셨어요. 다음 영상에 나오는 새뮤얼도 자기 이름을 바꾸려고 해요. 한번 볼까요?

적용 예화 영상(지도자용 팩)을 보여 준다.

새뮤얼은 무엇을 하려고 했나요? 혹시 다른 사람이 여러분의 흉내를 낸 적이 있나요? 그때 기분이 어떠했나요? 새뮤얼의 이야기가 오늘 성경 이야기와 비슷한 부분이 있나요? 다른 부분은 무엇인가요? 야곱은 스스로 자기 이름을 바꾸려고 한 것이 아니라, 하나님이 야곱에게 새 이름을 주신 거예요. 하나님은 아무 이름이나 주신 것이 아니었어요. 그 이름은 아주 중요한 이름이었지요. 왜냐하면 장차 하나님의 백성이 그 이름으로 불릴 것이기 때문이에요.

가스펠 소그룹

 10~20분

나침반

말씀을 띄워요

[준비물] 풍선이나 공

① 아이들에게 풍선을 주고 불게 한다.

② 암송 구절을 한 단어씩 말할 때마다 풍선을 가볍게 쳐서 풍선이 땅에 떨어지지 않도록 한다(공을 이용하는 경우에는 한 단어씩 말할 때마다 땅에 공을 튀기게 한다).

── 하나님이 언제나 우리와 함께하시며 하나님의 약속을 지키신다니 정말 기쁘지 않나요? 하나님은 실패하는 법이 없으세요. 반드시 신실하게 약속을 지키신답니다.

보물 지도

성경 읽기

[준비물] 성경

아이들 각자 창세기 32장 28절을 찾게 하고 함께 읽는다.

손가락 정답 표

[준비물] 학생용 교재 66쪽

① 인도자가 질문을 하면 아이들이 답이 적힌 단어 상자를 찾아 그 위에 손가락을 짚게 한다.

② 한번 짚은 손가락은 다시 뗄 수 없으니, 어떤 손가락을 먼저 짚을지 계획하도록 주의를 준다.

1 야곱의 할아버지는 누구인가요? 아브라함

2 하나님은 아브라함과 무엇을 맺으셨나요? 언약

3 야곱의 형은 누구인가요? 에서

4 야곱은 에서에게서 무엇을 훔쳤나요? 복

5 야곱이 복을 가로챘을 때 에서의 기분은 어떠했나요? 화가 났다

6 하나님은 야곱에게 어디로 갈 때가 되었다고 하셨나요? 고향

7 누가 야곱과 함께 고향으로 돌아갔나요? 야곱의 가족

8 야곱은 누구와 씨름했나요? 하나님

9 야곱은 어디를 다쳤나요? 엉덩이 뼈

10 야곱의 새 이름은 무엇인가요? 이스라엘

── 야곱이 죄를 지었는데도, 하나님이 야곱을 사용하신 것이 기쁘지 않나요? 하나님은 장차 예수님을 야곱의 자손으로 태어나게 하실 거예요. **하나님은 야곱의 이름을 하나님의 약속의 백성의 이름인 이스라엘로 바꾸어 주기까지 하셨어요.** 하나님은 아브라함과 이삭, 그리고 이제 야곱에게 하신 약속을 지키셨고, 이 약속은 수많은 세대를 거쳐 오늘날까지 이어지고 있답니다. 우리가 예수님을 믿을 때 그 약속은 바로 우리의 것이 된답니다!

탐험하기

암호 해독하기

[준비물] 학생용 교재 67쪽, 연필

① 그림 암호를 풀어 빈칸을 채우게 한다.

② 그림의 첫 글자를 따서 빈칸을 채우면 메시지가 완성된다.

- 야구 배트
- 이사 트럭
- 라디오
- 곱슬머리
- 스케이트
- 엘리베이터

하나님은 야곱의 이름을 하나님의 약속의 백성의 이름인 이스라엘로 바꾸어 주셨어요. 이것은 아브라함에게 하신 약속을 지키시려는 하나님의 신실하심을 보여 주는 또 하나의 사건이에요. 야곱이 세상을 떠나고 오랜 시간이 흐른 뒤, 하나님의 백성은 '이스라엘'이라고 불리게 될 거예요.

새 이름을 기억해요 *

[준비물] 종이, 펜

① 아이들에게 종이를 나누어 주고 자신이 갖고 싶은 새 이름을 쓰게 한다. 모두 일어나서 자신의 새 이름을 소개하게 한다.

② 한 아이를 정해 자신의 새 이름을 말하게 한다.

　　예) "저는 OOO입니다."

③ 두 번째 아이부터는 앞사람의 이름을 먼저 말한 뒤 자기소개를 하게 한다.

　　예) "OOO 옆에 OOO입니다."

④ 같은 방법으로 맨 마지막 사람까지 소개해 나가는데, 갈수록 소개 절차가 길어지고 어려워진다. 즉 앞사람의 이름을 모두 외워야 한다.

⑤ 도중에 이름을 기억하지 못하면 다시 처음부터 시작해서 전체 이름을 모두 맞힐 때까지 계속 반복한다.

TIP 암기를 어려워하는 아이가 있다면 그 아이부터 시작하는 것이 좋다.

──── 하나님은 야곱의 이름을 하나님의 약속의 백성의 이름인 이스라엘로 바꾸어 주셨어요. 하나님은 야곱과 그의 자손에 대한 신실하심을 확실하게 보여 주셨어요. 야곱은 쌍둥이 중 동생이었지만, 하나님은 계속해서 야곱에게 복을 주시길 원하셨어요. 무엇이 하나님의 계획을 막을 수 있나요? 아무것도 하나님의 완벽한 계획을 막을 수 없어요. 하나님은 야곱의 이름을 이스라엘로 바꾸심으로써, 야곱의 자손을 통해 하나님의 약속을 이어 가고자 하시는 하나님의 계획을 보여 주셨어요.

나를 소개할게 *

[준비물] 종이, 펜

① 아이들에게 자신의 새 이름을 생각해 보라고 한다.

② 종이를 나누어 준 뒤 자신의 새로운 이름을 세로로 한 글자씩 쓰게 한다.

③ 자신을 소개하는 말을 삼행시로 써 보게 한다.

──── 하나님은 야곱의 이름을 이스라엘로 바꾸어 주셨어요. 이 이름은 '겨루다'와 '하나님'이라는 뜻을 가진 히브리어를 합성해서 만든 말이에요. 이 이름은 앞으로 하나님의 백성도 계속 야곱처럼 할 것이라는 점을 보여 주지요. 그들은 하나님을 따르기 싫어하고, 자기 마음대로 하나님을 떠났다가 돌아오기를 반복하며, 계속해서 하나님과 겨룰 거예요. 이 이름에는 하나님이 야곱과 하신 언약을 더 단단하게 하신다는 의미도 있어요. 왜냐하면 이 이름은 하나님의 백성이 하나님과 계속해서 겨루면서도 그 곁에 머무는 모습을 보여 주기 때문이에요.

 # 보물 상자

나만의 기록장

[준비물] 학생용 교재 68쪽, 연필이나 색연필

누군가가 자신에게 어떤 일을 해 주기를 기다리거나 믿어야 했던 적이 있었는지 생각해 보고 그림이나 글로 표현해 보게 한다.

──── 하나님은 언제나 신실하세요. 그래서 우리는 하나님이 성경에서 하신 말씀은 모두 진짜라고 믿을 수 있어요. 야곱은 하나님을 믿어야 했어요. 하나님은 야곱을 가장 적절한 때에 고향으로 인도하셨고, 에서에게도 자신의 복을 빼앗아 간 야곱을 용서할 수 있는 힘을 주셨어요. 우리는 하나님의 약속과 완벽한 계획을 믿기만 하면 돼요.

메시지 카드

이번 주 메시지 카드로 부모님과 함께 오늘 배운 성경 이야기를 나누어 보라고 한다.

기도

모든 것을 돌보시고 언제나 신실하신 하나님, 감사합니다. 우리 모두 하나님이 언제나 약속을 지키시고 모든 것을 돌보신다는 것을 믿을 수 있게 도와주세요. 예수님의 이름으로 기도합니다. 아멘.

12

요셉이 이집트로 팔려 갔어요

창 37:1~36, 39:1~41:57

본문 속으로

야곱은 쌍둥이 형 에서와의 갈등 가운데 자라났습니다. 야곱은 아버지 이삭을 속이고 에서의 복을 가로챘습니다. 이후 야곱은 에서의 분노를 피하기 위해 가족과 헤어져 여러 해를 지내야 했습니다. 하나님은 야곱의 꿈에 나타나셔서 아브라함과 이삭에게 하셨던 약속을 다시 확인해 주셨습니다. 마침내 하나님은 야곱을 고향 땅 가나안으로 부르셨습니다. 하나님은 야곱을 축복하시고 야곱의 이름을 이스라엘로 바꾸셨습니다.

야곱에게는 열두 아들이 있었습니다. 이들은 자라서 이스라엘 열두 지파의 시조가 될 것이었습니다. 야곱이 가장 사랑하는 아들은 요셉이었습니다. 요셉은 야곱이 가장 사랑하는 아내인 라헬의 아들이었으며, 야곱은 자신의 편애를 숨기지 않았습니다. 야곱은 요셉에게 다른 아들들에게는 주지 않은 선물을 주었습니다. 그것은 바로 채색옷이었습니다. 당연히 요셉은 형들에게 사랑받지 못했습니다. 하나님이 꿈을 통해 자신에게 말씀하셨다고 요셉이 말했을 때, 형들의 미움은 극에 달했습니다. 그 꿈들은 언젠가 요셉의 가족이 요셉에게 절을 하게 될 것이라는 내용이었기 때문입니다. 형들은 요셉을 해칠 악한 계획을 세웠고, 결국 요셉은 구덩이에 빠지고 말았습니다. 이후 요셉은 이집트로 팔려 갔고, 누명을 쓰고 옥에 갇혔습니다.

어쩌면 요셉은 구덩이에서, 또 감옥에서 혼자라고 느꼈을지도 모릅니다. 하지만 하나님은 요셉을 잊지 않으셨습니다. 하나님은 요셉과 함께하셨으며, 그를 위한 놀라운 계획을 갖고 계셨습니다. 하나님은 요셉을 이집트의 총리로 세우셨습니다. 요셉을 통해 남은 자의 무리, 즉 심판을 견디고 살아남은 소수의 하나님의 백성을 세우셨습니다. 오랜 세월이 흐른 후, 하나님은 하나님의 아들이신 예수님을 바로 요셉이 구해 낸 이스라엘 자손으로 세상에 태어나게 하셨습니다.

예수님은 진정한 외로움과 궁극적인 고통을 경험하셨습니다. 하나님은 예수님을 죽은 자들 가운데서 살리셨습니다. 우리가 예수님을 믿을 때, 하나님은 우리의 죄를 용서하십니다. 예수님이 항상 우리와 함께하겠다고 약속하셨기 때문에 우리는 진정한 외로움을 경험하지 않게 될 것입니다(마 28:20). 그리고 믿는 자들을 기다리는 영광의 무게에 비하면 이 땅에서 우리가 겪는 고난은 잠시 받는 가벼운 환난에 불과합니다(고후 4:17).

●●● 티칭 포인트

전능하신 하나님이 모든 것을 다스리신다는 것을 아이들에게 알려 주십시오. 하나님은 우리의 삶을 주관하시며, 우리 안에서 또 우리를 통해서 하나님의 계획을 이루기 위해 고난과 불의도 사용하십니다. 어떤 상황에서도 하나님의 뜻은 이루어집니다. 하나님의 영광을 위해서, 그리고 우리의 선을 위해서 말입니다.

주제

하나님은 요셉의 고난을 선하게 사용하셨어요.

가스펠 링크

예수님은 하늘의 보좌를 버리고 고난을 당하셨지만, 온 세상의 구원자가 되셨어요.

요셉이 이집트로 팔려 갔어요 창 37:1~36, 39:1~41:57

야곱의 가족은 하나님이 아브라함과 그의 가족에게 약속하신 땅인 가나안에 살고 있었어요. 야곱에게는 아들이 열두 명 있었는데, 야곱은 그중에서도 요셉을 가장 사랑했어요. 야곱은 요셉에게 채색옷(화려하고 아름다운 옷)을 주었고, 형들은 그런 요셉을 미워했지요.

어느 날 요셉은 자기가 꾼 꿈을 형들에게 이야기했어요. 꿈에서 요셉은 형제들과 함께 밭에서 곡식 단을 묶고 있었어요. 그런데 갑자기 요셉의 단이 일어서자 형제들의 단이 요셉의 단에게 절을 한 거예요. 이후에 요셉은 또 다른 꿈에서 해, 달, 그리고 열한 개의 별들이 자신에게 절하는 것을 보았어요. 이 꿈은 요셉의 모든 가족이 언젠가 요셉에게 절하게 될 것이라는 뜻이었지요. 얼마 후 요셉의 형들은 심부름을 온 요셉을 죽이기로 마음먹었어요. 하지만 요셉의 가장 큰형인 르우벤이 요셉을 죽이지 말고 그냥 구덩이에 던져 넣자고 형제들을 설득해 요셉은 구덩이에 던져졌다가 이집트로 가는 상인들에게 노예로 팔렸어요. 피 묻은 요셉의 옷을 받아 든 야곱은 들짐승이 요셉을 죽였다고 생각하고 깊이 슬퍼했지요.

한편 이집트로 간 상인들은 요셉을 보디발이라는 시위대장에게 팔았어요. 하나님은 요셉과 함께하셨고, 요셉이 하는 일이 다 잘되게 하셨어요. 이 사실을 깨달은 보디발은 요셉을 총무로 삼아 집안의 모든 일을 맡겼지요. 그러던 어느 날 보디발의 아내가 요셉을 유혹했어요. 요셉은 그 유혹을 뿌리쳤지만 누명을 쓰고 감옥에 갇혔어요. 하나님은 요셉과 함께하시며 복을 주셨어요. 간수장은 요셉에게 죄수들을 맡겼는데 그들 중에 파라오에게 빵을 바치던 신하와 술을 바치던 신하도 있었어요. 두 신하의 꿈 이야기를 들은 요셉은 술을 바치는 신하는 다시 파라오를 섬기게 될 것이고, 빵을 바치는 신하는 3일 뒤에 죽게 될 것이라고 꿈을 풀어 주었지요. 요셉은 술을 바치는 신하에게 감옥에서 나가면 파라오에게 자신의 억울한 사정을 말해 달라고 부탁했어요. 술을 바치는 신하는 요셉의 말대로 파라오를 다시 섬기게 되었지만, 2년 동안 요셉을 까맣게 잊어버렸답니다.

어느 날 파라오가 이상한 꿈을 두 가지나 연달아 꾸었어요. 살찐 소 일곱 마리가 바짝 마른 소 일곱 마리에게 잡아먹히는 것과, 토실토실한 일곱 이삭이 바짝 마른 일곱 이삭에게 잡아먹히는 것을 본 거예요. 하지만 파라오의 꿈이 무슨 뜻인지 아는 사람이 아무도 없었지요. 바로 그때, 술을 바치는 신하가 요셉을 기억해 냈어요. 하나님은 요셉에게 파라오가 꾼 꿈의 의미를 말씀해 주셨고, 요셉은 파라오에게 그 꿈의 뜻을 설명해 주었어요. "7년 동안 풍년에 이어 7년 동안 흉년이 다가올 것입니다. 풍년에 곡식을 모아 두어 흉년에 대비해야 합니다." 파라오는 하나님이 요셉과 함께하신다는 것을 깨닫고 요셉을 이집트의 총리로 삼았어요. 요셉은 풍년이 계속되는 동안 곡식을 창고에 모아 두었어요. 흉년이 시작되자 사람들이 곡식을 사기 위해 요셉을 찾아왔어요.

●● 가스펠 링크

하나님은 요셉의 고난을 선하게 사용하셨어요. 하나님은 요셉을 사용하셔서 요셉의 가족과 많은 사람을 도우셨어요. 예수님도 하늘의 보좌를 버리고 이 땅에 오셔서 온 세상의 구원자가 되셨답니다.

가스펠 준비

10~20분

환영

도착하는 아이들을 반갑게 맞이하고 헌금, 출석, QT 등을 확인하며 격려한다. 학생용 교재의 성경 이야기 그림을 색칠하며 오늘의 말씀을 기대하게 한다. 편안한 분위기에서 안부를 물으며 오늘의 말씀과 관련된 화제로 이야기를 나눈다. 자발적으로 대화에 참여하도록 이끈다.

예) "혹시 지난주 동안 억울하거나 힘든 일은 없었나요?", "계획대로 되지 않아 속상했던 일이 있었나요?" 등.

마음 열기

술래가 어깨를 친 사람은 누구? *

① 아이들에게 손바닥으로 눈을 가린 다음 고개를 숙이라고 말한다. 인도자가 손을 내리라고 말할 때까지는 손바닥을 눈에서 떼지 않고 기다리도록 규칙을 설명한다.

② 술래 한 명을 정한다. 술래는 주위를 돌아다니다가 한 사람의 어깨를 손으로 톡 친다.

③ 아이들에게 손바닥을 눈에서 떼고 고개를 든 후, 술래가 어깨를 친 사람이 누구인지 맞히게 한다.

④ 여러 명의 아이들에게 기회가 돌아가도록 게임을 수차례 반복한다.

━━ 혹시 여러분 중에서 억울한 일을 당해 본 사람 있나요? 마치 조금 전 게임에서 술래가 여러분의 어깨를 치지 않았는데도 친구들이 오해했던 것처럼 말이에요. 오늘 이야기에 나오는 요셉도 아주 안 좋은 일을 겪었어요. 하지만 **하나님은 요셉의 고난을 선하게 사용하셨어요.** 어떤 일이 일어났는지 더 자세히 알아볼까요?

요셉의 채색옷 꾸미기 *

[준비물] 4절 보드지 또는 종이 쇼핑백, 두꺼운 유성 펜, 색종이, 가위, 풀

① 4절 보드지 또는 종이 쇼핑백을 각각 나누어 준 뒤 긴 셔츠 모양의 옷을 그리게 한다.

② 아이들에게 색종이를 잘라 붙여 옷을 예쁘게 꾸며 보라고 한다.

━━ 야곱은 요셉에게만 채색옷을 줌으로써, 자신이 여러 아들들 중에서 요셉을 가장 사랑한다는 것을 보여 주었어요. 야곱이 요셉만 사랑하는 것 같아 몹시 화가 난 요셉의 형들은 결국 끔찍한 일을 저지르고 말았지요. 이렇게 좋지 않은 상황에서도 **하나님**은 여전히 요셉과 함께하셨고, **요셉의 모든 고통을 선하게 사용하셨답니다.** 오늘은 여기에 대해 더 자세히 배워 보기로 해요.

가스펠 설교

🪧 들어가기

운동 장비들을 엉터리로 갖춘 채 등장한다. 예를 들어 포수의 헬멧과 정강이 보호대, 팔꿈치 보호대를 착용하고 하키 스틱으로 야구공을 밀면서 들어오는 식이다.

친구들, 안녕하세요! 다시 만나게 되어 정말 반가워요. 여러분, 뛰어다니기 좋은 신발을 신고 왔나요? 왜냐하면 오늘 우리는 아주 빠른 걸음으로 요셉의 인생을 돌아볼 계획이거든요. 서둘러 출발할까요?

🔄 연대표

연대표를 가리키면서 앞서 배운 이야기들을 복습한다.

하나님이 세상을 창조하셨어요

하나님이 사람을 창조하셨어요

죄가 세상에 들어왔어요

가인과 아벨이 제물을 드렸어요

하나님이 노아와 가족을 구해 주셨어요

바벨탑을 쌓던 사람들이 흩어졌어요

하나님이 아브라함과 언약을 맺으셨어요

하나님이 아브라함을 시험하셨어요

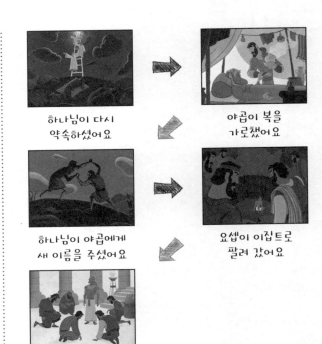

하나님이 다시 약속하셨어요

야곱이 복을 가로챘어요

하나님이 야곱에게 새 이름을 주셨어요

요셉이 이집트로 팔려 갔어요

요셉의 꿈이 이루어졌어요

하나님이 아브라함과 언약을 맺으셨던 것을 기억하나요? 하나님은 아브라함에게 하늘의 별과 같이 많은 후손을 주겠다고 약속하셨어요. 하나님은 그의 후손을 통해 온 세상에 복을 주겠다는 말씀도 하셨지요.

아브라함은 이삭을 낳았고, 이삭은 야곱을 낳았어요. 그리고 야곱은 결혼해서 아들을 열두 명 낳았지요. 열두 명의 아들 중 한 명이 요셉이었어요. 하나님이 아브라함과 하신 약속은 이삭과 야곱을 거쳐 야곱의 자손에게도 이어졌는데, 오늘 우리가 배울 부분이 바로 그것이랍니다.

💡 성경의 초점

요셉의 이야기를 듣는 동안 여러분이 오늘의 '성경의 초점'을 기억하면 좋겠어요. **무엇이 하나님의 계획을 막을 수 있나요? 아무것도 하나님의 완벽한 계획을 막을 수 없어요.** 오늘 성경 이야기에서 우리는 **요셉의 고난을 선하게 사용하시려는 하나님의 계획**에 대해 배우게 될 거예요.

성경 이야기

오늘의 이야기는 창세기 37장, 39~41장에 나와요. 성경을 펴 보세요. **하나님이 요셉의 고난을 어떻게 선하게 사용하셨는 지**에 대한 이야기예요. 이야기를 들으면서 어떤 일이 있었 는지 알아보기로 해요.

창세기 37장, 39~41장을 펴고, 설교 영상(지도자용 팩)을 보여 주거 나 이야기 성경을 들려준다.

복/습/질/문

1 형들은 요셉에게 어떤 행동을 했나요?

형들은 요셉을 죽이기로 했으나 구덩이에 던진 후 노예로 팔아 버 렸다 (창 37:18~28)

2 요셉은 왜 감옥에 가게 되었나요?

요셉은 자기가 하지도 않은 잘못을 저질렀다는 억울한 누명을 쓰 고 감옥에 갔다 (창 39:19~20)

3 이집트에 있는 동안 요셉은 파라오를 위해 어떤 일을 했나요?

파라오의 꿈을 풀이했다 (창 41:15~16, 25~32)

4 무엇이 하나님의 계획을 막을 수 있나요?

아무것도 하나님의 완벽한 계획을 막을 수 없어요.

 ## 찬양

 약속

※악보와 음원은 지도자용 팩 또는 가스펠 프로젝트 홈페이지(gospelproject.co.kr) 에서 이용하세요.

하나님은 요셉이 겪은 모든 어려운 일들 속에서도 항상 그와 함께하셨어요. 마찬가지로, 하나님은 예수님을 믿는 사람들 과 언제나 함께하겠다고 약속하셨어요. 왜냐하면 하나님이 성령 하나님을 우리에게 보내 주셨기 때문이지요. 하나님이 아브라함에게 하셨던 약속이 수많은 세대를 거쳐 오늘날 우 리에게까지 이어지고 있는 거예요!

하나님은 자신의 하나밖에 없는 아들인 예수님을 보내셔서 우리의 죗값을 치르기 위해 십자가에서 죽고 3일 만에 부활 하게 하심으로써 온 세상에 복을 주셨어요. 이것이야말로 우리가 들을 수 있는 가장 기쁜 소식이랍니다! 예수님은 우 리가 하나님과 다시 좋은 관계가 될 수 있도록 길을 열어 주

셨어요. 창세기 26장 24절에 적혀 있는 약속은 아브라함, 이 삭, 야곱을 위한 것이지만, 오늘을 사는 우리를 위한 약속이 기도 하답니다.

 ## 복음 초청

성경과 35쪽 복음 초청 가이드를 이용해서 아이들에게 그리스도인 이 되는 법을 설명해 준다. 따로 상담해 줄 사람을 정해 주고 궁금한 점이 있으면 물어보도록 격려한다.

이 시간 예수님을 마음에 모시고 싶은 친구는 함께 기도해요.

 ## 기도

하나님, 주님의 말씀을 우리에게 주셔서 감사합니다. 요셉의 이야기를 통해 우리가 하나님을 더 깊이 알게 하시니 감사합 니다. 하나님, 우리가 깨닫지 못하는 순간에도 우리의 삶 속 에서 일하시니 감사합니다. 우리가 언제나 하나님을 믿을 수 있도록 도와주세요. 우리에게 구원이라는 최고의 선물을 주 시기 위해 가장 큰 고난을 겪으신 예수님을 우리가 언제나 기 억할 수 있도록 도와주세요. 하나님, 사랑합니다! 예수님의 이름으로 기도합니다. 아멘.

 ## 적용

설교 도입이나 적용으로 활용하거나 영상을 본 뒤 소그룹에서 풍성한 대화를 이어 갈 수 있습니다.

적용 예화 영상(지도자용 팩)을 보여 준다.

살다 보면 가끔씩 우리 생각대로 일이 잘 되지 않을 때가 있 어요. 그렇지만 우리는 하나님이 요셉의 삶을 돌보신 것처럼 우리의 삶도 돌보실 것이라고 믿을 수 있어요. 다른 나라로 이민을 간다고 상상해 보세요. 그것도 노예 신분으로 말이에 요. 요셉은 가족과 헤어져 다른 나라로 가야 했어요. 낯선 문 화도 배워야 했을 텐데, 선생님 생각에는 굉장히 힘들었을 것 같아요. 하지만 하나님은 여전히 하나님의 계획을 이루어 나 가고 계셨어요. **무엇이 하나님의 계획을 막을 수 있나요? 아 무것도 하나님의 완벽한 계획을 막을 수 없어요.**

가스펠 소그룹

10~20분

🧭 나침반

암송 구절 카드 나열하기

[준비물] 색도화지, 가위, 지퍼 백, 사인펜

① 아이들에게 색도화지를 나누어 주고, 10~12개의 가늘고 긴 색지 카드를 만들게 한다.

② 카드마다 암송 구절을 몇 단어씩 쓰게 한다.

③ 아이들에게 카드를 암송 구절 순서대로 놓아 보라고 한 후, 다시 섞어 또 순서대로 놓아 보게 한다.

④ 한 주 동안 연습할 수 있도록 카드를 지퍼 백에 담아 집에 가져 가게 한다.

— 요셉이 혼자라고 느낀 순간에도 하나님은 여전히 그와 함께 계셨어요. 하나님은 언제나 약속을 지키시는 분이에요. 하나님은 성령 하나님을 통해 지금 우리와도 함께하세요. 그러니 겁먹을 필요 없어요. 우리는 결코 혼자가 아니랍니다.

🗺️ 보물 지도

성경 읽기

[준비물] 성경

아이들이 직접 성경을 펼쳐 다음 질문에 대한 답을 찾아 읽게 한다.

1 야곱에게는 몇 명의 아들이 있었나요?

　12명 (창 37:9)

2 야곱이 요셉에게 무엇을 주었을 때 형들이 질투했나요?

　채색옷 (창 37:3~4)

3 요셉의 형들은 요셉에게 어떤 행동을 했나요?

　요셉을 노예로 팔아 버리고, 아버지에게는 요셉이 죽었다고 말했다

　(창 37:18~35)

4 요셉은 왜 감옥에 가게 되었나요?

　요셉은 보디발의 집안일을 하는 노예였는데, 자신이 저지르지 않은 일로 억울하게 누명을 쓰고 감옥에 갔다 (창 39:19~20)

5 요셉이 감옥에서 만난 사람 중 나중에 파라오에게 요셉에 대해 이야기한 사람은 누구인가요?

　파라오에게 술을 바치는 신하 (창 40:5, 41:9~13)

6 요셉이 파라오를 위해 풀이해 준 꿈은 어떤 것이었나요?

　살진 소 일곱 마리가 바짝 마른 소 일곱 마리에게 잡아먹히는 꿈과 토실토실한 일곱 이삭이 바짝 마른 일곱 이삭에게 잡아먹히는 꿈인데, 이 꿈들은 7년의 풍년 뒤에 7년의 흉년이 다가온다는 뜻이었다

　(창 41:17~36)

7 요셉이 꿈을 풀이한 후 파라오는 어떤 일을 했나요?

　파라오는 요셉을 이집트에서 둘째로 높은 사람으로 삼았다

　(창 41:37~43)

8 이집트의 총리가 된 요셉은 무슨 일을 하게 되었나요?

　이집트는 땅의 굶주리는 백성을 돕는 일을 했다 (창 41:53~57)

— **하나님은 요셉의 고난을 선하게 사용하셨어요.** 하나님은 요셉을 통해 많은 사람에게 복을 주셨어요. 흉년이 계속되는 동안 먹을 것을 구하지 못했을 사람들의 생명을 구해 주셨지요. 요셉의 상황은 안 좋아 보였지만, 하나님은 그것을 선하게 사용하셨어요! 오늘 배운 이야기를 복습해 보아요.

만화 완성하기

[준비물] 학생용 교재 72쪽, 연필

요셉 이야기를 그린 만화의 말풍선을 채워 이야기를 완성하게 한다.

탐험하기

문장 완성하기

[준비물] 학생용 교재 73쪽, 연필

하	나	님	은
요	셉	의	
고	난	을	
선	하	게	
사	용	하	셨	어	요	.

① 가로세로 열쇠를 푸는 방법을 설명하고 해당하는 글자를 찾아 빈칸에 적게 한다(예를 들어 '나-2'이면 나행 두 번째 열에 있는 단어인 '하').

② 문장이 완성되면 함께 읽는다.

③ 어렵고 힘들었지만, 결국 좋은 결과를 냈던 경험을 나누어 본다.

요셉의 형들은 처음에는 요셉을 구덩이에 던져 넣더니, 다음에는 이집트로 가는 상인들에게 팔아 버렸어요. 형들은 요셉을 버렸지만, 하나님은 요셉을 사용해 요셉의 형제들과 가족을 구원할 계획을 가지고 계셨어요. **하나님은 요셉의 고난을 선하게 사용하셨어요.** 하나님은 요셉에게 복을 주셔서 높은 자리에 오르게 하셨어요. 하나님은 요셉을 사용하셔서 그의 가족과 많은 사람을 도우셨어요. 요셉처럼 예수님도 하늘의 높은 보좌를 버리고 이 땅에 오셔서 온 세상의 구원자가 되셨답니다.

믿음으로 따라가기

[준비물] 스카프, A4 용지 8장, 유성 펜

① A4 용지 각 장에 '구덩이', '노예', '감옥', '총리'라고 쓰고, 총 두 세트를 만들어 둔다.

② 예배실 한쪽에 출발선을 나란히 두 곳 정한 뒤, 각각 출발선에서 1~2m 간격으로 글씨를 쓴 종이 한 세트를 펼쳐 바닥에 놓는다. '구덩이'-'노예'-'감옥'-'총리' 순으로 놓는다.

③ 아이들을 두 팀으로 나눈다. 각 팀에서 둘씩 짝지어 가위바위보로 이긴 사람과 진 사람을 가려낸다.

④ 각 팀에서 진 사람은 스카프를 묶어 눈을 가리고, 이긴 사람은 앞을 볼 수 없는 진 사람의 인도자가 된다.

⑤ 눈을 가린 각 팀의 선수를 각각의 출발선에 세운다. 게임이 시작되면, 각 팀의 인도자는 눈을 가린 선수들이 4장의 종이들을 모두 획득할 수 있도록 설명하며 인도한다.

예) "앞으로 두 걸음, 왼쪽으로 한 걸음, 발 앞에 있는 종이를 잡아!" 등.

⑥ 한 세트의 종이 4장을 먼저 획득한 팀이 이긴다.

요셉은 많은 고난을 통과했어요. 형들에게 미움을 받아 구덩이에 빠졌고, 그다음에는 이집트로 가는 상인들에게 팔려 노예가 되었으며, 억울한 오해를 받고 감옥에 있기도 했지요. 요셉은 무슨 일이 일어날지 알지 못했어요. 다만 하나님이 주시는 그 길 위에서 순종하며 성실하게 살았어요. 결국 하나님은 그런 요셉을 총리가 되게 하시고, 요셉을 사용하셔서 그의 가족과 많은 사람을 도우셨어요. **하나님은 요셉의 고난을 선하게 사용하셨어요.** 요셉처럼 예수님도 하늘의 높은 보좌를 버리고 이 땅에 오셔서 온 세상의 구원자가 되셨답니다.

보물 상자

나만의 기록장

[준비물] 학생용 교재 74쪽, 연필이나 색연필

자신이 겪었던 힘든 일에 대해 그림을 그려 보게 한다. 글을 쓸 줄 안다면 글로 쓰게 해도 좋다. 만약 힘들었던 일이 생각나지 않는다면 책에서 읽은 위인이 어려움을 겪었던 이야기를 기록하게 한다.

요셉은 수많은 어려움을 겪었지만, 하나님은 늘 그와 함께하셨어요. 그 어떤 것도 요셉을 향한 하나님의 완벽한 계획을 막을 수는 없었지요. 이와 같이 **아무것도 우리를 향한 하나님의 완벽한 계획을 막을 수 없어요.** 우리가 어려움을 겪고 있을 때에도 하나님은 그것을 선하게 사용하실 수 있어요. 하나님이 그렇게 하시는 방법에는 어떤 것들이 있을까요?

예) "우리가 겪는 어려움을 통해 누군가가 하나님을 만나게 될 수 있어요", "힘든 일을 겪으면서도 여전히 소망을 가질 수 있는 이유를 말해 줄 수 있어요" 등.

메시지 카드

이번 주 메시지 카드로 부모님과 함께 오늘 배운 성경 이야기를 나누어 보라고 한다.

기도

고난조차도 선하게 사용하실 수 있는 하나님, 언제나 완벽한 계획으로 우리를 인도하시니 감사합니다. 우리가 어떤 상황에서도 하나님을 믿을 수 있게 도와주세요. 예수님의 이름으로 기도합니다. 아멘.

13

요셉의 꿈이 이루어졌어요

창 42:1~46:34, 50:15~21

단원 암송

그 밤에 여호와께서 그에게 나타나 이르시되
나는 네 아버지 아브라함의 하나님이니
두려워하지 말라 내 종 아브라함을 위하여
내가 너와 함께 있어 네게 복을 주어
네 자손이 번성하게 하리라 하신지라 (창 26:24).

성경의 초점

무엇이 하나님의 계획을 막을 수 있나요?
아무것도 하나님의 완벽한 계획을 막을 수
없어요.

본문 속으로

야곱과 그의 가족은 가나안에 살고 있었습니다. 하지만 한 명이 없었습니다. 야곱이 가장 사랑하는 아들인 요셉은 이집트에 있었습니다. 야곱이 모르는 사이에 요셉은 이집트의 총리가 되어 있었습니다. 가나안에 기근이 찾아오자 야곱은 아들들을 이집트로 보내 곡식을 사 오게 했습니다. 그 여행이 가족을 다시 만나게 해 주는 계기가 될 줄은 꿈에도 모른 채 말입니다.

야곱의 아들 열 명은 곡식을 사기 위해 이집트로 갔습니다. 그들은 요셉을 만났습니다. 요셉이 식량을 나누어 주는 일을 맡고 있었기 때문입니다. 요셉은 형들을 바로 알아보았지만, 형들은 요셉을 알아보지 못했습니다. 요셉은 형들을 여러 방법으로 시험했습니다. 그들을 가나안에서 온 정탐꾼들이라고 몰아세운 뒤, 무고함을 밝히고 싶으면 막냇동생 베냐민을 이집트로 데려오라고 명령했습니다.

야곱은 곡식을 더 사기 위해 아들들을 이집트로 다시 보내고 싶어 하지 않았습니다. 베냐민까지 딸려 보내는

것은 더더욱 싫었습니다. 야곱은 유다에게서 베냐민을 반드시 보호하겠다는 약속을 듣고서야 마지못해 그를 데리고 가는 것을 허락했습니다. 자신이 가장 사랑하는 아들 요셉을 잃고 가슴이 찢어졌던 야곱에게 막내아들까지 잃는 것은 상상조차 할 수 없는 일이었습니다.

마침내 요셉은 자신의 정체를 형제들에게 드러냈습니다. 죽은 줄로만 알았던 형제가 사실은 살아 있었으니 형제들의 충격이 얼마나 컸을까요? 게다가 이집트의 강력한 지도자가 되어 있다니요! 요셉은 자신의 권력을 가족을 구하기 위해 쓸까요, 아니면 형들에게 복수하기 위해 쓸까요?

요셉은 하나님이 왜 자신이 이집트로 팔려 가도록 내버려 두셨는지를 설명했습니다. 비록 형들은 요셉에게 해를 가할 의도였으나, 하나님은 선한 뜻을 가지고 계셨습니다. 요셉은 그의 가족에게 풍족하게 살 수 있는 이집트로 오라고 말했습니다. 그의 자손이 오랜 세월 동안 이집트에서 노예의 삶을 살게 될 줄을 요셉은 몰랐습니다.

죽기 전 요셉은 형제들에게 하나님이 야곱의 자손에게 하신 약속을 상기시켰습니다. "하나님이 당신들을 돌보시고 당신들을 이 땅에서 인도하여 내사 아브라함과 이삭과 야곱에게 맹세하신 땅에 이르게 하시리라"(창 50:24). 이집트인들의 압제에도 불구하고 야곱의 자손은 번성했습니다.

● ● 티칭 포인트
하나님은 약속을 지키셨고, 하나님의 아들 예수님을 통한 인류의 구원 계획을 이스라엘이라는 나라를 통해 이루어 가고 계시다는 것을 아이들에게 알려 주십시오.

주제
하나님은 요셉을 남은 자로 삼으시기 위해 이집트로 보내셨어요.

가스펠 링크
하나님은 하나님의 백성을 구원하시기 위해 예수님이 고난을 겪도록 계획하셨어요.

요셉의 꿈이 이루어졌어요 창 42:1~46:34, 50:15~21

야곱의 집에 먹을 음식이 떨어졌어요. 가나안에 사는 사람들의 형편은 모두 비슷했지요. 이집트에는 먹을 것이 있다는 소식을 들은 야곱은 아들 열 명을 이집트로 보내 곡식을 사 오게 했어요. 하지만 막내아들 베냐민은 함께 보내지 않았지요.

이집트의 총리 요셉은 누구에게 곡식을 팔 것인지를 결정할 힘을 가지고 있었어요. 요셉을 찾아간 형들은 공손하게 절을 했어요. 요셉은 그들이 누구인지 단번에 알아보았지만, 형들은 그가 자신들이 노예로 팔아 버린 동생 요셉이라는 것을 알아차리지 못했어요. 요셉은 형제들이 자신에게 절을 하게 될 것이라는 내용의 꿈을 떠올렸어요. 꿈에서 보았던 일이 현실에서 이루어진 거예요. 요셉이 말했어요. "내 생각에 너희들은 정탐꾼이다. 우리 땅을 엿보려고 왔구나." 요셉은 형들을 사흘 동안 감옥에 가두었다가 "너희가 정탐꾼이 아니라는 것을 증명하고 싶으면 집에 있는 막냇동생을 데리고 오너라. 단 너희 중 한 명은 여기 남아야 한다"라고 말했어요.

형들은 가족에게 줄 곡식을 가지고 집으로 돌아갔고, 그중 한 명만 이집트에 남았지요. 돌아온 아들들의 이야기를 들은 야곱은 슬퍼하며 고민에 빠졌어요. "막내를 데려가지 말아라. 요셉도 죽었는데 아들 하나를 더 잃을 수는 없다!" 하지만 가지고 온 곡식이 다 떨어지자 야곱은 아들들에게 다시 이집트에 다녀오라고 말했어요. 유다는 "베냐민을 데리고 가야만 다시 이집트로 갈 수 있습니다. 제가 책임지고 그를 다시 집으로 데리고 오겠습니다"라고 말했어요. 그래서 형제들은 이집트로 다시 갔어요. 그들은 곡식을 살 돈과 요셉에게 줄 특별한 선물들도 함께 가져갔어요.

요셉은 형제들을 자기 집으로 불러 식사를 대접했어요. 식사를 마친 후 요셉은 하인들을 모두 물러가게 하고는 형제들 앞에서 큰 소리로 울며 말했어요. "내가 바로 요셉입니다! 형들은 나를 이집트에 팔았지만, 두려워하지 마십시오. 하나님이 흉년의 때에 여러분의 생명을 구하기 위해 나를 먼저 이곳에 보내신 것입니다." 요셉은 형제들에게 집으로 가서 모든 가족과 재산을 챙겨 이집트로 오라고 말했어요. 이집트에는 먹을 것이 풍족했기 때문이에요.

이집트로 오는 길에, 하나님은 환상을 통해 야곱에게 말씀하셨어요. 환상은 꿈과 비슷한 것인데, 깨어 있는 중에 보는 거예요. "나는 하나님, 곧 네 아버지의 하나님이다. 이집트로 내려가는 것을 두려워하지 말라. 거기서 네 자손을 큰 나라로 만들어 줄 것이다. 내가 너와 함께 이집트로 내려갈 것이며, 또한 다시 데리고 나올 것이다." 야곱의 가족은 모두 이집트로 갔어요. 다시 만난 야곱과 요셉은 서로 끌어안고 소리 높여 울었지요. 야곱의 가족은 이집트에서 잘 지냈어요. 그러다 야곱이 나이 들어 죽자 요셉의 형들은 요셉이 자신들에게 벌을 내릴까 봐 두려웠어요. 하지만 요셉은 "형들은 나를 해치려고 했지만, 하나님은 악을 선으로 바꾸셨습니다"라고 형들을 위로하며 부드럽게 말했어요.

● ● 가스펠 링크

하나님은 요셉의 인생에 대한 계획을 갖고 계셨어요. 하나님은 한 나라를 구하기 위해 요셉이 고난을 겪는 것을 허락하셨어요. 하나님은 모든 나라에 있는 하나님의 백성을 구하기 위해 예수님이 고난을 겪도록 계획하셨어요.

가스펠 준비

 환영

도착하는 아이들을 반갑게 맞이하고 헌금, 출석, QT 등을 확인하며 격려한다. 편안한 분위기에서 안부를 물으며 오늘의 말씀과 관련된 화제로 이야기를 나눈다. 자발적으로 대화에 참여하도록 이끈다.

예) "지난주 동안 나에게 잘못한 사람을 용서해 주었거나 또는 나의 잘못을 용서받은 적이 있었나요?" 등.

마음 열기

상황별 기분 표현하기 ✶

① 인도자가 여러 가지 상황을 가정해 이야기한다.

② 아이들에게 그런 상황에서 어떤 기분이 들지 상상해서 표현해 보게 한다.

   예) 1. 시험에서 모두 100점을 받았다.
   2. 집에서 키우는 강아지가 많이 아프다.
   3. 한밤중에 무서운 소리를 들었다.
   4. 오늘 시험이 있다는 것을 방금 알았다.
   5. 우리 가족이 나만 빼고 곧 휴가를 떠난다는 소식을 방금 들었다.

　　　요셉은 살면서 좋은 일과 나쁜 일을 두루두루 겪었어요. 고향을 멀리 떠나야 했고, 정말 힘든 일도 많이 겪었지만, 나중에는 이집트의 총리가 되었지요. 오늘 요셉은 또 한 번 일생 최대의 사건을 겪게 될 텐데요, 어떤 일인지 함께 살펴볼까요?

점토로 좋아하는 음식 만들기 ✶

[준비물] 색깔 점토

① 아이들에게 색깔 점토를 조금씩 나누어 준 다음, 자기가 제일 좋아하는 음식을 만들어 보라고 한다.

② 아이들이 한 명씩 만들기를 마칠 때마다 무엇을 만들었는지, 왜 그 음식을 가장 좋아하는지 물어본다.

　　　오늘 이야기에서 사람들은 먹을 음식이 없었대요. 그런데 요셉이 흉년이 다가올 것을 미리 알고 곡식을 창고에 쌓아 두었기 때문에 많은 사람이 이집트로 와서 자기 가족이 먹을 곡식을 사 갈 수 있었어요. 오늘 우리는 곡식을 사려고 요셉을 찾아온 어떤 사람들에 대해 배우게 될 거예요.

117

가스펠 설교

 15~30분

들어가기

운동 장비들을 엉터리로 갖춘 채 등장한다. 예를 들어 포수의 헬멧과 정강이 보호대, 팔꿈치 보호대를 착용하고 하키 스틱으로 야구공을 밀면서 들어오는 식이다.

친구들, 안녕하세요! 모두들 결전의 날을 맞이할 준비가 되었나요? 우리는 오늘 진짜 신 나는 일을 하게 될 거예요! 오늘은 요셉에 대해 배우는 마지막 날이니까 다들 정신 똑바로 차리세요! 저는 요셉 이야기가 참 좋아요. 정말 대단하잖아요. 요셉이 실제로 있었던 인물이고, 요셉의 이야기가 모두 사실이라는 것이 얼마나 멋진지 몰라요! 꼴찌에서 시작해 최고가 되는 이야기라면 요셉을 따라올 사람이 없지요. 확실해요! 지금까지 어떤 일이 있었는지 기억하나요?

연대표

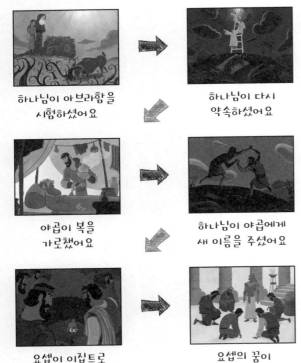

하나님이 아브라함을
시험하셨어요

하나님이 다시
약속하셨어요

야곱이 복을
가로챘어요

하나님이 야곱에게
새 이름을 주셨어요

요셉이 이집트로
팔려 갔어요

요셉의 꿈이
이루어졌어요

요셉은 야곱의 아들이고, 야곱은 이삭의 아들이에요. 하나님

이 아브라함에게 하신 약속은 야곱의 가족에게까지 계속 이어졌어요. 지난 과에서 우리는 **하나님이 요셉의 고난을 선하게 사용하시는** 이야기를 배웠어요. 요셉의 형들은 아버지 야곱이 요셉을 제일 사랑하는 것 때문에 요셉을 매우 미워했어요. 형들은 원래 요셉을 죽이려고 했지만, 마음을 바꾸어 이집트에 노예로 팔아 버렸어요.

요셉은 이집트에서 보디발이라는 사람의 집으로 팔려 갔고, 하나님은 요셉이 보디발의 마음에 들게 해 주셨어요. 보디발은 요셉에게 자기 집을 돌보는 일을 모두 맡겼지요. 그러던 어느 날 요셉은 자신이 저지르지 않은 일로 억울하게 누명을 썼고, 보디발은 요셉을 감옥에 가두어 버렸어요. 하지만 이것도 하나님의 계획의 일부였답니다.

요셉은 감옥에 갇힌 두 사람의 꿈을 풀이해 주었는데, 둘 중 한 명이 바로 파라오에게 술을 바치는 신하였어요. 몇 년 후 파라오가 한 꿈을 꾸었을 때 술을 바치는 신하가 요셉을 기억해 냈어요. 요셉은 파라오의 꿈을 풀이해 주었고, 그 일로 이집트에서 둘째로 높은 사람, 총리가 되었답니다.

성경의 초점

하나님이 요셉의 삶을 돌보고 계신 것이 분명하군요. 요셉의 형들도 그 사실을 바꿀 수는 없었지요. 오늘의 '성경의 초점'을 다 함께 큰 소리로 말해 봅시다. **무엇이 하나님의 계획을 막을 수 있나요? 아무것도 하나님의 완벽한 계획을 막을 수 없어요.**

성경 이야기

성경을 펴서 창세기 42~46장을 찾으세요. 오늘 이야기의 뒷부분은 창세기 50장에 나오지만 대부분은 42~46장에 나옵니다. 오늘 우리는 하나님이 요셉을 사용하셔서 가나안에 있는 요셉의 가족을 먹여 살리신 이야기를 듣게 될 거예요. **하나님은 요셉을 남은 자로 삼으시기 위해 이집트로 보내셨어요.** 이야기를 듣고 더 자세히 알아보기로 해요.

창세기 42~46장, 50장 15~21절을 펴고, 설교 영상(지도자용 팩)을 보여 주거나 이야기 성경을 들려준다.

요셉 덕분에 그의 가족은 먹을 것을 얻을 수 있었어요. 요셉의 가족은 모두 이집트로 이주해서 요셉과 함께 살게 되었지요. 정말 오랜 세월 동안 서로 헤어져 지낸 뒤에 가족을 다시 만나게 된다면 어떤 기분이 들까요? 그런데 이 일은 우리가 앞으로 하나님이 성경을 통해 들려주시는 거대한 하나의 이야기를 배우는 데 있어서 무척 중요한 사건이 될 거예요. **하나님은 요셉을 남은 자로 삼으시기 위해 이집트로 보내셨어요.** '남은 자'란 어려움 속에서 살아남은 일부의 사람을 가리키는 말이에요. 이집트로 온 야곱의 가족은 약속의 땅에 살고 있던 하나님의 백성의 일부, 즉 남은 자였지요. 그들은 이집트로 와서 요셉 곁에 살면서 흉년이 지나갈 때까지 보살핌을 받았어요.

하나님은 요셉의 고난을 선하게 사용하신 것처럼, 오랜 세월이 지난 언젠가 하나님의 백성을 위해 그보다 훨씬 좋은 일을 하실 거예요. 하나님은 자신의 흠 없는 아들인 예수님을 이 땅에 보내 우리의 죗값을 치르게 하실 거예요. 예수님은 억울하게 십자가 위에서 고통을 받으실 것이고, 죽임을 당해 죄의 벌을 대신 받으실 거예요. 그리고 3일 후에 다시 살아나실 거예요! 그것을 기억하면서, 오늘의 이야기를 복습해 보아요.

복/습/질/문

1 요셉의 형들은 왜 이집트로 갔나요?

먹을 것이 떨어져서 곡식을 구하려고 (창 42:5)

2 요셉은 자신이 진심으로 사랑하는 동생 베냐민을 데려오게 하기 위해 어떤 방법을 썼나요?

형들에게 정탐꾼이 아닌 것을 증명하려면 고향으로 돌아가 막냇동생을 데려오라고 명령했다 (창 42:14~16)

3 형들이 베냐민을 데리고 돌아오자 요셉은 어떻게 했나요?

형제들을 자기 집으로 초대해 식사를 대접한 후, 자신이 요셉임을 밝혔다. 하나님이 자기 백성을 굶주림에서 구하시기 위해 자신을 먼저 이집트로 보내셨다고 말했다 (창 43:16~34, 45:1~15)

4 무엇이 하나님의 계획을 막을 수 있나요?

아무것도 하나님의 완벽한 계획을 막을 수 없어요.

복음 초청

성경과 35쪽 복음 초청 가이드를 이용해서 아이들에게 그리스도인이 되는 법을 설명해 준다. 따로 상담해 줄 사람을 정해 주고 궁금한 점이 있으면 물어보도록 격려한다.

이 시간 예수님을 마음에 모시고 싶은 친구는 함께 기도해요.

기도

약속을 지키시는 하나님, 하나님은 약속대로 예수님을 보내주셨어요. 예수님은 우리의 죄를 용서받게 하시려고 오셨어요. 예수님은 우리가 우리의 죄 때문에 받아야 할 벌을 대신 받으시고 십자가에서 죽으셨어요. 그리고 예수님을 믿는 사람은 누구나 하나님의 가족이 될 수 있다고 약속하셨어요. 이 시간 예수님을 마음에 모십니다. 우리에게 찾아와 주세요. 우리의 죄를 용서해 주세요.

하나님, 아무것도 하나님의 계획을 막을 수 없어요. 하나님은 우리의 삶에 계획을 가지고 계시며, 우리가 겪는 어려움들도 선하게 사용하시는 분임을 믿어요. 우리가 어떤 상황에 있든지 다른 무엇보다도 하나님을 의지할 수 있게 도와주세요. 예수님의 이름으로 기도합니다. 아멘.

적용

TIP 설교 도입이나 적용으로 활용하거나 영상을 본 뒤 소그룹에서 풍성한 대화를 이어 갈 수 있습니다.

적용 예화 영상(지도자용 팩)을 보여 준다.

여러분이 요셉이라면 어떻게 했을까요? 여러분이 요셉의 형들 중 한 명이었다면 어떤 기분이었을까요? 다른 사람을 용서하는 것은 왜 중요할까요? 요셉은 악을 악으로 갚지 않았어요. 오히려 자기 형제들을 아주 잘 보살펴 주었지요. **하나님은 요셉을 남은 자로 삼으시기 위해 이집트로 보내셨어요.** 이것은 앞으로 오랫동안 아주 중요한 일이 될 거예요. 오랜 세월이 지난 후 하나님은 예수님을 보내서 십자가에서 고난을 받고 죽임을 당하게 하실 거예요. 이 모든 것이 하나님의 완벽한 계획의 일부였지요.

가스펠 소그룹

10~20분

나침반

빈칸 채우기

[준비물] 학생용 교재 78쪽, 연필

> 그 밤에 하나님 께서 그에게 나타나 이르시되
> 나는 네 아버지 아브라함 의 하나님이니
> 두려워 하지 말라 내 종 아브라함 을 위하여
> 내가 너와 함께 있어 네게 복 을 주어
> 네 자손이 번성 하게 하리라 하신지라
>
> 창세기 26장 24절

① 빈칸에 들어갈 알맞은 단어를 [보기]에서 찾아 적게 한다.

② 완성된 암송 구절을 함께 여러 번 읽는다.

③ 암기할 수 있는 아이가 있다면 발표할 기회를 주고 격려한다.

보물 지도

OX퀴즈

[준비물] 학생용 교재 78쪽, 연필

아이들이 직접 성경을 찾아보며 질문에 대한 답을 적거나 맞는 문장에는 ○표, 틀린 문장에는 ×표 하게 한다.

1 요셉의 형들은 왜 이집트로 갔나요? (창 42:1~2)

　×, 가나안에 흉년이 들자 야곱의 가족도 먹을 음식이 떨어졌다. 형들은 곡식을 사기 위해 이집트로 갔다

2 형들과 함께 이집트로 가지 않고 집에 남아 있었던 사람은 누구인가요? (창 42:4) 베냐민

3 형들 때문에 이집트에 노예로 팔려 간 요셉은 형들을 만나 복수했다.

　(창 45:5)

　×, 형들에게 근심하거나 한탄하지 말라고 했으며, 모든 것이 하나님의 계획이었다고 말했다

4 하나님은 요셉의 고난을 어떻게 선하게 사용하셨나요? (창 45:7)

　○, 많은 사람이 굶주림에서 구원을 받았고, 야곱의 가족도 흉년에서 살아남게 되었다

5 무엇이 하나님의 계획을 막을 수 있나요?

　아무것도 하나님의 완벽한 계획을 막을 수 없어요.

───── 하나님은 요셉을 남은 자로 삼으시기 위해 이집트로 보내셨어요. 요셉의 모든 고난은 하나님의 계획의 일부였지요. 요셉은 앞으로 어떤 일이 일어날지, 자기가 왜 이런 어려움을 겪고 있는지 알지 못했지만 하나님을 믿었고, 하나님은 요셉에게 은혜를 베푸셨어요. 요셉은 예수님이 어떤 분이실지 미리 보여 주는 그림과 같아요. 오랜 세월이 흐른 후 하나님은 세상이라는 이 낯선 곳에 예수님을 보내실 거예요. 저지르지도 않은 죄 때문에 억울하게 고통을 받게 하시려고 말이지요. 예수님은 십자가에서 우리의 죗값을 치르고 3일 만에 다시 살아나셔서, 예수님을 믿는 모든 사람이 그분과 함께 영원히 살 수 있도록 보장해 주셨어요! 정말 완벽한 계획이지요! **무엇이 하나님의 계획을 막을 수 있나요? 아무것도 하나님의 완벽한 계획을 막을 수 없어요.**

가자! 이집트로 *

[준비물] 색도화지 4장, 셀로판테이프, 유성 펜

① 색도화지 3장에 각각 1~3까지의 숫자를 유성 펜으로 쓰고, 나머지 한 장에는 '4 이집트'라고 쓴다. 4장의 색도화지를 예배실 바닥에 넓게 펼쳐 놓은 후 셀로판테이프로 고정시킨다.

② 아이들을 모두 1번 종이 주위에 세운다. 인도자가 문제를 내면 서로 상의해 정답을 맞히게 한다(앞의 'OX퀴즈' 활용, 1번 종이에서는 **1**번 질문). 정답을 맞힐 때마다 한 종이에서 다른 종이로 옮겨 갈 수 있다. 단 다음 순서대로 옮긴다(1-2-3-4 이집트).

③ 이 게임의 목표는 모든 팀원이 마지막 종이, 즉 이집트에 도착하는 것이다.

④ 이집트에 도착하면, 인도자는 **5**번 질문을 하고 아이들이 답하게 한다.

탐험하기

퍼즐 맞추기

[준비물] 학생용 교재 79쪽, 85쪽, 가위, 풀

학생용 교재 85쪽 퍼즐을 잘라 형들이 요셉 앞에 무릎을 꿇은 장면이 되도록 그림을 맞추어 본다.

━━━ 형들 때문에 이집트로 팔려 간 요셉은 많은 어려움을 겪었어요. 억울하게 감옥에 가기도 했지요. 하지만 하나님은 요셉의 삶에 관한 계획을 갖고 계셨어요. 하나님은 요셉의 고난을 사용하셔서 많은 나라의 백성을 굶주림에서 구하셨어요. **하나님은 요셉을 남은 자로 삼으시기 위해 이집트로 보내셨어요.** 마찬가지로 하나님은 많은 나라에 있는 하나님의 백성을 죄에서 구원하시기 위해 자신의 아들인 예수님이 고난을 겪고 십자가에서 죽도록 계획하셨어요.

남은 자 게임

[준비물] 의자 5개(또는 아이들 숫자보다 하나 적은 개수)

① 5개의 의자를 등받이를 서로 맞대게 원형으로 배치한다.

② 아이들에게 의자 주위로 원을 그리며 돌라고 말한다.

③ 인도자가 "그만!"이라고 외치면, 아이들은 재빨리 의자에 가서 앉아야 한다. 앉지 못한 아이는 탈락하게 된다.

④ 의자를 하나 뺀 후 같은 방법으로 게임을 다시 진행한다.

⑤ 2~3명의 아이만 남을 때까지 게임을 여러 회 거듭한다. 그런 다음 아이들을 불러 모아 게임에 대한 이야기를 나눈다.

━━━ 많은 친구가 게임을 시작했지만, 끝날 무렵에는 몇 명의 친구들밖에 남지 않았지요? 그렇게 살아남은 몇 사람을 우리는 '남은 자'라고 부를 수 있어요. '남은 자'란 어려움 속에서 살아남은 일부의 사람을 가리키는 말이에요. **하나님은 요셉을 남은 자로 삼으시기 위해 이집트로 보내셨어요.** 만약 요셉이 이집트에서 곡식을 저장해 놓지 않았더라면, 야곱의 가족은 흉년 동안 살아남지 못했을 거예요. 하지만 요셉의

리더십 덕분에 야곱의 가족은 살아남았어요. 오랜 세월이 지난 뒤, 예수님은 바로 야곱의 후손으로 태어나셔서 하나님이 아브라함에게 하신 약속이 이루어지게 하셨어요.

🧰 보물 상자

나만의 기록장

[준비물] 학생용 교재 80쪽, 연필이나 색연필

가족을 용서할 수 있는 방법에는 어떤 것이 있을지 그림으로 그려 보라고 한다. 글을 쓸 줄 안다면 글로 써도 좋다.

━━━ 요셉은 형들을 용서했고, 흉년이 들어 먹을 것이 없었을 때 형들을 잘 보살펴 줌으로써 그 용서를 표현했어요. **하나님은 요셉을 남은 자로 삼으시기 위해 이집트로 보내셨어요.** 요셉이 겪은 모든 고난에는 이유가 있었어요!

메시지 카드

이번 주 메시지 카드로 부모님과 함께 오늘 배운 성경 이야기를 나누어 보라고 한다.

기도

우리가 힘든 일을 겪을 때 하나님이 우리와 어떻게 함께하시는지를 요셉의 이야기를 통해 보여 주신 하나님께 감사드립니다. 우리가 기쁠 때나 슬플 때나 언제든지 우리와 함께하시는 하나님을 믿을 수 있도록 도와주세요. 예수님의 이름으로 기도합니다. 아멘.

그러나 우리에게는 한 하나님

곧 아버지가 계시니

만물이 그에게서 났고

우리도 그를 위하여 있고

또한 한 주 예수 그리스도께서

계시니 만물이 그로 말미암고

우리도 그로 말미암아 있느니라

고린도전서 8장 6절

성경이 무엇을 말하느냐

아브라함이 하나님을 믿으매

그것이 그에게 의로

여겨진 바 되었느니라

로마서 4장 3절

그 밤에 여호와께서 그에게 나타나 이르시되

나는 네 아버지 아브라함의 하나님이니

두려워하지 말라 내 종 아브라함을 위하여

내가 너와 함께 있어 네게 복을 주어

네 자손이 번성하게 하리라 하신지라

창세기 26장 24절

고린도전서 8장 6절

1권	2권	3권	4권	5권	6권
위대한 시작 창	**하나님의 구출 계획** 출, 레, 신	**약속의 땅** 민, 수, 삿, 룻, 삼상	**왕국의 성립** 삼상, 삼하, 왕상, 욥, 잠, 전, 시	**선지자와 왕** 왕상, 왕하, 사, 호, 욘 욜, 렘, 대하, 겔	**돌아온 하나님의 백성** 단, 스, 에, 느, 말
1단원 창조의 하나님	**1단원** 구출하시는 하나님	**1단원** 구원의 하나님	**1단원** 왕이신 하나님	**1단원** 계시하시는 하나님	**1단원** 보호하시는 하나님
1. 하나님이 세상을 창조하셨어요 2. 하나님이 사람을 창조하셨어요 3. 죄가 세상에 들어왔어요 4. 가인과 아벨이 제물을 드렸어요 5. 하나님이 노아와 가족을 구해 주셨어요 6. 바벨탑을 쌓던 사람들이 흩어졌어요	1. 모세를 부르셨어요 2. 이스라엘 백성은 재앙을 피했어요 3. 홍해를 건넜어요 4. 광야에서 시험을 치렀어요 5. 금송아지를 만들었어요	1. 약속의 땅을 정탐했어요 2. 놋뱀을 바라보았어요 3. 하나님이 여리고 성을 주셨어요 4. 죄 때문에 아이 성 전투에서 졌어요 5. 여호수아가 당부했어요	1. 이스라엘이 왕을 달라고 했어요 2. 하나님이 사울을 버리셨어요 3. 다윗이 골리앗과 맞섰어요 4. 다윗과 요나단이 친구가 되었어요 5. 하나님이 다윗과 언약을 맺으셨어요 6. 다윗이 하나님께 죄를 지었어요	1. 엘리야가 악한 아합을 꾸짖었어요 2. 엘리야가 이세벨을 피해 도망쳤어요 3. 하나님이 나아만을 고쳐 주셨어요 4. 하나님이 이사야를 부르셨어요 5. 이사야가 메시아에 대해 외쳤어요 6. 히스기야는 남 유다의 신실한 왕이었어요	1. 다니엘과 친구들이 하나님께 순종했어요 2. 사드락, 메삭, 아벳느고를 구하셨어요 3. 다니엘을 구하셨어요 4. 하나님의 백성을 고향으로 데려오셨어요 5. 성전을 다시 지었어요
2단원 언약을 맺으시는 하나님	**2단원** 거룩하신 하나님	**2단원** 다스리시는 하나님	**2단원** 지혜의 하나님	**2단원** 포기하지않으시는 하나님	**2단원** 공급하시는 하나님
7. 하나님이 아브라함과 언약을 맺으셨어요 8. 하나님이 아브라함을 시험하셨어요 9. 하나님이 다시 약속하셨어요	6. 십계명 "하나님을 사랑하라" 7. 십계명 "이웃을 사랑하라" 8. 성막을 지었어요 9. 하나님이 제사의 규칙을 정해 주셨어요 10. 오직 하나님만 예배해요 11. 하나님의 언약을 기억해요	6. 사사들이 이스라엘 백성을 이끌었어요 7. 드보라와 바락이 노래했어요 8. 겁쟁이 기드온이 용사가 되었어요 9. 삼손에게 다시 힘을 주셨어요 10. 룻과 나오미를 보살펴 주셨어요 11. 하나님이 사무엘에게 말씀하셨어요	7. 솔로몬이 지혜를 구했어요 8. 지혜는 하나님께로부터 와요 9. 솔로몬이 성전을 지었어요 10. 이스라엘이 둘로 나뉘었어요	7. 하나님이 호세아를 통해 북 이스라엘에 사랑을 전하셨어요 8. 하나님이 요나를 통해 니느웨에 사랑을 전하셨어요 9. 하나님이 요엘을 통해 남 유다에 사랑을 전하셨어요	6. 에스더를 왕비로 세우셨어요 7. 에스더를 통해 하나님의 백성을 구하셨어요 8. 느헤미야가 예루살렘의 소식을 들었어요 9. 예루살렘 성벽을 다시 세웠어요 10. 에스라가 하나님의 율법을 읽었어요 11. 말라기가 하나님의 말씀을 전했어요
3단원 언약을 지키시는 하나님			**3단원** 주권자이신 하나님	**3단원** 새롭게 하시는 하나님	
10. 야곱이 복을 가로챘어요 11. 하나님이 야곱에게 새 이름을 주셨어요 12. 요셉이 이집트로 팔려 갔어요 13. 요셉의 꿈이 이루어졌어요			11. 솔로몬이 산다는 것에 대해 생각했어요 12. 욥이 고난을 받았어요 13. 하나님을 찬양해요	10. 하나님이 예레미야를 부르셨어요 11. 예레미야가 새 언약에 대해 예언했어요 12. 남 유다 백성이 포로로 잡혀갔어요 13. 에스겔이 앞날의 소망을 이야기했어요	

※세부 내용은 사정에 따라 변경될 수 있습니다.

구약1 성경의 초점과 주제

1단원 **창조의 하나님**

Q 하나님은 왜 세상을 창조하셨나요?

A 하나님은 이 세상 모든 것을 하나님의 영광을 위해 창조하셨어요.

Q 죄가 무엇인가요?

A 죄는 하나님의 법을 어기는 거예요. 죄는 사람들을 하나님으로부터 갈라놓아요.

1. 하나님은 이 세상 모든 것을 하나님의 영광을 위해 창조하셨어요.

2. 하나님은 하나님의 형상대로 사람을 창조하셨고, 남자와 여자로 만드셨어요.

3. 아담과 하와의 죄가 그들을 하나님으로부터 갈라놓았어요.

4. 가인의 죄가 그를 하나님과 사람들로부터 갈라놓았어요.

5. 하나님은 거룩하시고, 죄를 벌하세요.

6. 하나님은 오직 하나님께만 영광을 돌리게 하시려고 사람을 창조하셨어요.

2단원 **언약을 맺으시는 하나님**

Q 하나님은 무엇을 약속하셨나요?

A 하나님은 하나님의 백성에게 복을 주겠다고 약속하셨어요.

7. 하나님은 아브라함을 통해 온 세상에 복을 주겠다고 약속하셨어요.

8. 아브라함은 하나님의 계획이 이해되지 않을 때에도 하나님을 믿었어요.

9. 하나님은 자신이 언제나 약속을 지키시는 분임을 아브라함의 자손에게 알려 주셨어요.

3단원 **언약을 지키시는 하나님**

Q 무엇이 하나님의 계획을 막을 수 있나요?

A 아무것도 하나님의 완벽한 계획을 막을 수 없어요.

10. 야곱이 에서의 복을 가로챘어요.

11. 하나님이 야곱의 이름을 이스라엘로 바꾸어 주셨어요. 이스라엘은 하나님의 약속의 백성이라는 뜻이에요.

12. 하나님은 요셉의 고난을 선하게 사용하셨어요.

13. 하나님은 요셉을 남은 자로 삼기 위해 이집트로 보내셨어요.